노스캐롤라이나의 밤

국립중앙도서관 출판시도서목록(CIP)

노스캐롤라이나의 밤 : 정국희 시집 / 지은이: 정국희. --
대전 : 지혜, 2013
p. ; cm. -- (지혜시선 ; 002)

ISBN 978-89-97386-53-6 03810 : ₩8000

한국 현대시[韓國 現代詩]

811.7-KDC5
895.715-DDC21 CIP2013005619

지혜 시인선 002

노스캐롤라이나의 밤

정국희

지혜

시인의 말

봄이 노래하고 있다
마치 이민자처럼
이국의 생경함으로 노래하고 있다
믿어왔던 것들이 해 떨어지 듯
한 순간
이곳에서 저곳으로 가버린 후
안간힘으로 앨탕갤탕 걸어왔던 지난 날들이
흐릿하게 꿈 속처럼 비쳤다 사라진다
아무것도 할 수 없었던
그 뾰족했던 삼각형 감정들
항아리형으로 다 닮아진 이민 질주 10년
반쯤은 시가 감당했다

2013년
정국희

차례

2부

3부

4부

1부

딸들아

딸들아 축제의 시간이다
축배를 들어라
햇곡식 같이 여문 너의 삶은
축복을 향한 대서사의 시작이니
너의 의지로 희망을 정복하고
오랜지 과즙처럼 상큼하게 머물러 있거라

너희들 몸 속엔 기쁨이 들어 있어
발꿈치를 살짝 올리기만 해도
웃음이 나올 준비가 되어 있단다
식지 않는 젊음으로
겨냥한 꿈을 향해 발랄하게 나아가거라

세상은 너희들의 것
스키니 진을 입고
이쁜 하이힐을 신고
턱을 올린 채 힘차게 걸어가면
우주는 너의 길에 장애물을 걷을지니

어떻게 사나 기나긴 고민을 하지마라
너 몫의 자유 찬찬히 누리며
미치도록 사랑하고
서정 가득한 마음으로
멋진 인생을 살아가거라

다산초당

살찐 강진 바람이 사자 이빨로
뒷산 나무들을 있는대로 물어뜯고
그 기세로 등성이를 내려와
흙담집 고즈넉한 창 앞에서 자지러졌다
바람도 굽신 고개 조아리는 근엄한 방이렷다

하 수상한 세월
꿈을 잃어버린 색바랜 책이
어둑신 들어앉아
처마에 꿰어있는 달빛 바라보며
포호 한숨 쉬는 방이렷다

한때 사기팽팽한 의식이
활시위 당기듯 찬찬하고 날카로웠지만
옳고 그름이 없던 세상
무엇을 꾀하고 무엇을 단속하랴
구름을 훔친 죄로
무자비한 기록에 연루되어
인간의 언어가 없는 깊은 풍경에 앉아
소리도 못된 물음으로
읽다가 쓰다가
틀 없는 형틀에 묶여 한 생이 흘러간 방이렷다

너와지붕 추녀끝에 지지배배 다시 찾아들면
서울로 가는 길이 손금처럼 훤히 밝히고
형님에게 편지라도 쓸라치면
텃밭에 심은 파꽃이 어머니 형상으로 보이는 방이렷다

다음 생이 있다면

다음 생이 있다면
그땐 노랠 불러야겠다
현란한 몸놀림으로
다이나믹한 락을 해도 좋겠고
감칠맛 비음으로 샹송을 불러도 좋겠다
아니, 산너머 남촌에는 누가 살길래
본견치마 살랑대는 가요도 좋으리

삶이 별것이더냐
막걸리 몇 대접 같은 세상살이
한평생 몸에 가락이나 담아
고단한 생들,
한됫박 흥겨움 덩실덩실 줄 수 있다면야
육자배긴들 어떻고 판소리면 어떠랴

다음 생이 있다면
그땐,
기타 하나 덜렁 메고
구성진 목청 돋아
노랠 불러야겠다

딩요

1.
밤마실을 좋아하게 된 그녀
낮동안 빛의 근육 간직했다가
밤이 되면 우울증 목에 감고
나긋나긋 스텝 밟고 사라지는 여자

2.
질기고 그늘진 삶 진저리나면
마음 속 어둠 걷어내려 오도방정 떨다가
아메바처럼 몸을 말고 슬프게도 있다가
무슨 지겨운 생각이라도 떠오르면
갑자기 발톱 세워
야우웅 눈 치켜뜨는 그녀가
목숨처럼 소중한 영역을 떠난 건
어둠이 어둠을 밀어냈기 때문만은 아니다

3.
금생에 찍혀있는 지독한 인연
안에서 곰곰히 불러내는 불멸의 시간들과
뒤숭숭한 젊은 기억을 묶어
근거없는 기다림 밖으로 나서야 함은
완벽하게 혼자 있지 못하고

마침내 같이 있어지는 끈질긴 생각 때문이기도 하다

3.

도도한 등줄기에 틈 하나 내주어
옹냐옹냐 새끼쳐서 들어앉고 싶은 날은
몇 줄기 화려한 빛으로
밤을 화장하고
굽이치는 세상 향해
어둠 속으로 돌진하는 저 여자

몸속 비밀을 읽다

사내는 필름을 들고 들어왔다
항상 그리 해온 듯 필름을 꽂고 형광불을 켰다
하얀 뼈가 환히 들여다 보이는 엑스레이를
쇠막대가 짚어가며 정의를 내리기 시작했다
뼈 사이 숨겨진 상처를 세밀하게 들추어 내
과거에서 현재까지 설명하고
나쁜 곳은 오래도록 지적했다
낮은 첼로음 같은 균형잡힌 목소리가
조근조근 살 속의 비밀을 밝혀 내자
미열 있는 가슴으로 긴장이 죄어오기 시작하고
이마 위론 어질어질 빈혈이 인다

내 근심을 엿듣고 있는 둘 사이의 공간이
심한 안개주의보를 발효한다

무한세계가 소유하는 침묵 속
세상은 잠시 회전을 멈추고 필름 속으로 축소되었다
침묵이 아무런 도움이 되지 못할 때
침묵을 지키는 건 얼마나 낯설은가
지리산 아흔 아홉 골을 울리고도 남을 통한痛恨
뼈 속에 있건만 귓전에서 소란스러울 뿐
목울대만 저려온다

살아있다는 것 외엔 내세울 것도 없는 몸
그날 이후 시간들이 잔인했다

마디마디 사각거리는 불협음 간신히 삼키는데
필름 빼낸 묵직한 걸음이 가만가만 나가고 있다

이런 날은

벌건 노을
화냥년 속가슴처럼 풀어헤쳐진 날은
어느 허술한 선술집엘 가야 한다
언젠가 떠난 사람
어느 쪽에서 와도 잘 보일 것 같은 창가
팔랑팔랑 치맛자락 나풀대며 오다
환하게 눈 마주칠 수 있는
그런 자리를 잡고 앉아
그 안쓰러운 시절
군내나는 묵은지로 삭혀야 한다

그러다가,
끝내 흉터 같은 어둠 짙게 드리우면
사양하는 주인아줌마 불러 앉혀
막걸리 한 양재기 부어주고
나도 한 잔 가득 따라
피식,
헛웃음 새는 곳으로 쭉 들이켜야 한다

아무하고나 말이 통할 것 같은 이런 헤픈 날은
혀꼬부라진 소리로 속에 것 다 털어놓고
우리가 생이라 부르는 이 외로움을

이 빌어먹을 세상을
새똥 빠진 소리로
주거니 받거니 달래야 한다

산다는 것이
다 이런 것이 아니겠냐고
가면 안 된다고
가고나면 죽고 말겠다고
그 난리를 치고도 살 살고 있는
바로 이런 것이 아니겠냐고
긴 기다림에 지친 시간을
바락바락 헛손질로 쓰러뜨려야 한다

유토피아

누가 여기를 고통이라 하고
저기를 행복이라 했는가
이쪽 반대편인 저쪽 끝
이카루스 날개를 달지 않고는 절대 갈 수 없는 곳
손을 뻗치면 환한 길이 나올 것 같은 그곳을
지친 몸들은 피안이라 부른다
이슬을 먹고 구름똥만 싸도
혈색이 꽃각시 같아 천년 만년 살 수 있다는 곳
아무도 간 사람이 없는데
아무도 온 사람도 없는데
모두들 갈 수 있다고 생각하는 곳
더러는 안개와 쌍무지개에 덮힌
무릉도원이라고 하는 거기는
가녀린 체념에 속한 고요가 입맞춤하면
바로 침몰할 수 있는 거기는
비밀을 비밀스럽게 저장하는 곳이다
세상의 질서를 완벽하게 위반하여
혼돈 속에서만 갈 수 있는 위험한 곳이다
행복의 비밀이 바로 거기에 있다고
생각하는 즉시 파멸이 되는

희나리

엎어져 무릎이 자주 깨지던 어린 골목길
아직도 꿈에선 폴짝폴짝 뛰다니는 이 길 그 깊었던 한 시절이 서정시의 행간처럼 아슴아슴 지나간다

기쁨소식 슬픈소식 번갈아 드나들며 자질구레한 일상으로 닳아진 대문엔 이미 깨꽃 같던 유년이 없다 단풍잎 모세혈관이 환하게 비치던 풀먹인 창호지 문살과 앵두 오지게 열리던 뒤곁 텃밭
구름 몇 장 담가두는 일로 평화롭던 장독대도 동화 속 그림으로 봉인되어 있다

한 뼘에 훌쩍 넘던 도랑이 세면으로 발라져 비닐봉지가 뒹굴고 있는 이곳
모든 것이 조용히 늙어가고 있다 아니 우리는 서로 많이 변해 있다

등골 휘게 일해도 살림이 늘지 않던 서른 가호 동네 등 떠민 사람은 아무도 없는데
퍼석한 마늘밭 지나 저마다 변명 한가지씩 가지고 떠나버리고
조용히 침잠하고 있는 시간과 시간 사이 밀물과 썰물 사이
바다의 종족만 끈질기게 번식 중이다

이 바닷가를 쉼없이 오고가던 검정 고무신들 엇비낀 전깃줄이 핼쓱하게 걸려있는
이마 깊은 전봇대를 거점으로 길들이 열렸고 도시의 소문이 복제되는 사이
청춘들은 뒤섞이며 어진 땅을 버렸다

바람이 갈래를 만들어 중구난방으로 불고 있다
겉으론 평화로웠어도 안으로 만고풍상을 겪던 동네 실날같은 기억 몇 부분 데불고 앉아
어느 다른 시공을 예민하게 더듬고 있는 또 한번의 작별

맥없이 속이 뒤숭숭한 날은 무슨 긴하게 할 말이라도 있는 것처럼 느닷없이 찾아와서 좀체 오지 않는 버스를 기다리고

늙은 호박

노란색도 아니고 주황색도 아닌
두루뭉실 뭉툭한 색
다 익으면 이토록 편안한 색을 내는 걸까
온화하게 평정을 찾은 몸
톡톡 두드려 본다
맑은 공명음이 들린다

햇볕에 익고 바람 편에 여물면서
제 속을 다 비워내기까지 부대끼며 울었을 몸
해탈의 경지에 든 깊은 방
잘 익은 고요가 깊다

평생 수행자 되어 기도와 간구로 살아낸 생이
어찌 이뿐이랴
세상 어머니들 속 들여다보면 눈물 아닌 것이 없는 것을

속이 다 보타져 납작하게 응어리진 애간장
멈칫멈칫 들어내는 내게
괜찮다 괜찮다
다 내려놓고 가는 게 저승길이라는 듯
환한 가슴 내보이고 있다

폼페이

없어진 도시 귀퉁이엔 스스로 돌아눕지 못한 썩지 않는 몸이 있다
쫑긋 귀 세우고 알몸을 엿보는 동안 날카로운 기둥에 부딪치는 바람 부서진 구멍 속 내장된 진실 깊숙이 흡입된다

질식된 시간들 빨려나오는 소리에 놀란 새들 푸드득 허공으로 솟아오르고
현상 안된 한 장의 내셔널 지오그래픽 위엔 새들이 왈츠를 춘다

혼비백산 통과하여 전속력으로 내동댕이 쳐진 무감각의 묵시록
웅크린 상태로 당시 상황을 유지한 채 잠들어 있는 그들의 유언은 잊혀지고 싶지 않는 것이다

거뜬히 견뎌낸 하나하나 세포들 늑골 속에 이천 년 비밀 숨겨놓고 영원히 잠들어 있는 몸
행방불명된 시간을 발설하는 유일한 증거는 모래바람 위를 나는 가벼운 새들뿐
말미잘보다 예민한 저들의 기억은 저리도 눈부시고 깜박이지 않는 초롱한 눈은
세상과 완벽한 교신을 하고 있다

눈을 뗄 수 없는 화석 하나 돌아누운 각도가 부서질 듯 견고하다

그 옛날, 대청마루에 누워있던 할머니의 등도 둥그런 저런 각도였다

어머니

졸아들어 간장종지만해진 심장
이제 그만 조마조마 하세요

천지사방으로 새끼들 나가 있어
큰 비 몇 방울에도
덜커덕 가슴이 내려앉는다는 당신

저녁 찬거리 다듬을 때도
간장을 달일 때도
관셈보살 관셈보살
여지도 소원하는 소린 줄은 알아
졸다 말고 참선하고
치마꼬리 맴도는 복실이도
중얼거리듯 외는 법문

여섯 조무래기들
당신에겐 그리도 큰 목숨이어서
걸음걸음 신께로 향한 가녀린 기도로
굽은 등불 오래 끄지 않는 당신

한평생 오만가지 걱정으로
조마조마 졸아든 심장에서
거북등 같은 두 손
이제 그만 내려놓으세요

노스캐롤라이나의 밤

어둠 속
밤을 움직이는 파도소리는 새가 날아가는 소리보다 아름답다
파도의 현을 켜서 검은 음표를 토해내는 바다
울퉁불퉁 물결이 길어올리는 하모니는
물고기들에겐 아늑한 자장가 소리
우주가 쌔근쌔근 숨쉬는 소리다

별들이 긴 여장을 풀고 잠들어 있는 풍만한 저 품속
물의 결을 따라 달빛이 한 올 한 올 두릅으로 엮이고
멈춤을 모르는 출렁임의 근성으로
넘실넘실 생의 맥박이 일어서는 동안
밤의 등허리는 동쪽을 향해 조금씩 돌아눕고 있다

두 귀 모으고 나를 지키는 별들
설혹 내가 서 있는 이곳이
깊은 바다 한가운데일지라도
만선의 깃발처럼 펄럭이며 나갈 수 있을 것 같아
스스로 간담이 서늘해지다가
문득
달을 품고 몸 추스리는 검은 해저 속
환각의 그림자 하나 건져올린다

갑자기 무언가에 용서 빌고 싶은 마음

잠깐, 그를 떠올리고 만다

우울할 이유가 없다

하늘이 무겁게 주저앉았다가 비를 뿌리며 일어선다. 굳어진 근육들이 주룩주룩 빗소리를 낸다. 몸의 결림으로 비를 미리 예상한 탓인지 삿된 기운이 비의 리듬으로 변해 인체의 구조를 복원한다. 비는 항상 신선하다. 설사 어느 다른 시공에서 마음에 빚진 자를 기다리는 일로 가슴이 다 썩었다 해도 우울해 할 하등의 이유가 없다. 산다는 게 그저 몇 벌의 옷과 한 말 닷되 남짓 곡식이면 다일 텐데 편재불능의 세상 속에 산다는 것이 냉혹한 티끌이 목에 걸려 내가 또 다른 나를 바라봐야 한다는 것이 그저 처량할 뿐 생사윤회로 가는 공의 무게를 논하지 말자. 우주 만물의 하찮은 것에라도 보는 눈이 정다워야 함은 혼자 있어도 심심하지 않아야 하기 때문이다. 혼자 노는 법을 아는 것은 홀로서기에 성공한 사람이라. 어느 서민의 거리에 앉아 근원을 알 수 없는 가없는 슬픔을 마주한다 해도 삶은 제각기 향을 지니고 있느니 따지고 보면 참 아름답고 신비스러운 게 인간사라, 사는 것 중 자비롭지 않는 것이 없음이다. 눈에 정성을 담고 있으면 작은 것에라도 쌓은 만큼 돌아오는 게 우주의 근본요소라 했던가. 꼭 숭고한 정신을 담고 있지 않아도 될 것이다. 정성된 힘을 움직이면 천리가 응해 실마리가 풀리듯 세상과 화합하는 법만 안다면 심오한 이면과 해학을 통달하지 않더라도 살아가는 데 별 지장이 없다. 사람냄새를 풍기되 갈급한 모습이 아니면 된다. 가끔씩 객적은 소리도 하고 허허 공중에 목젓도 보이고, 우매한 행동과 경거망동으로 옹

색한 일 생기지 않도록 중용의 도만 지킨다면 어설픈 행색이라도 괜찮다. 먹고 마시고 자는 것이 이 땅 위에서 모두에게 행해지 듯 사는 데까지 살아야 할 것이다. 그러면 생존의 의미는 충분한 것이다. 하늘에 속한 것을 인간이 어떻게 할 수 없으므로 저물녘에 비가 온다고 해서 우울할 이유가 전혀 없다.

중용中庸

정오,
하루의 중심
빛의 입자가 막 달아올라
세상이 따뜻한 기온으로 접어드는 시간
아침 열정 채 가시지 않는 오전이
오후로 막 넘어가는 찰나
하루 중 힘이 가장 세지는 이 때는
천지가 완전한 합일을 이루는 시간이다
꽃이라면 몽울진 봉오리가
살짝 열리는 순간이기도 하겠고
소녀라면 비릿한 향 벗고
여자로 막 넘어가는 때이기도 하겠다
청년에서 어른으로 바뀌는 이 시점은
해가 중천에서 중심을 팽팽히 잡고 있는 지점
겁날 것이 없는 생의 중간 지점이다
설령 잘못 왔다 해도
돌아가기에 무리가 안 되는 거리
인간적 욕심과 도덕적 본성 사이
두 마음에 귀를 귀울이다
지나침도 모자람도 없는 결정을 내릴 때
밤으로 연결된 넉넉한 오후는
맘 놓고 도전할 수 있는 또 다른 한나절

이 시간이 제일 좋은 이유는
내가 하루의 한가운데 있음이요
세계의 중심에 있음이요
우주의 중간을 막 통과하고 있음이라

물의 근원

신이 노한 소리라는 인디언 말
나이아가라
물의 차원을 너머 문명을 비껴간 섬세한 자연
면사포 폭포라 부르는 걸 와서 보고야 알았다
물은,
그저 흐르고 싶은 원초적 본능일 뿐일 텐데
생명의 근원으로 돌아가고픈 생성원리일 뿐일 텐데

호모샤피엔스보다 더 오래된 계곡의 전설엔
어느 신의 노한 숨결 숨었길래
순한 물이
저리 뒤엉키어 맹수처럼 포효할까
죽어서도 잠 못드는 어미 심정이면 저럴까
구천을 떠도는 못다한 인연이면 저럴까

속도를 조절할 수 없는 흐름의 내력
가장 부드러우면서도 가장 강한 저 기질로
거품 물고 까무러쳐도 다시 흐르는 건
물의 전생이 여성이었기 때문일 게다

본래 물은 양수로 시작되었다고 한다
양수는 자궁이 가지고 있는 최초의 물

몇 천 톤의 급류를 한꺼번에 쏟아내어
생명을 완성시키는 물의 마음이
바로,
생명을 키우는 어머니 마음이기 때문일 게다

2부

가끔은

가끔은
우연인 듯
너를 한 번 보고 싶다

부질없는 줄 알면서도
는개비 내리는 저문날은
살 깊숙이 허망이 베이고
습관처럼 길을 나서면
이유도 없이 마디마디 서럽다

더 이상 볼일도 없는데
너를 잊지 못하고
느닷없이 바람 앞에 서면
옷을 껴입어도 한기가 몸을 휘감고
겉보리 서말 같은 까실한 형상이
먼 들녘 돌아와
말가웃 됨직한 묵은정
삼태기로 쏟아놓고 간다

내 생에선 버리지 못할 인연
무너지는 여분의 죄값으로
밖에는 물방울도 되지 못한 는개비가 내리고
시누대 같은 장대비가 내려도 좋을 저녁
산버찌를 먹지않아도 눈에서 눈물이 난다

청실홍실

화장대 위
손때 반질한 원앙 한 쌍
수십 년 해로하고 있는
깊은 눈빛 바라본다

눈부시게 옷 입는 것도 모르고
음유시인처럼
저 건너로 핑 질러가 보지도 못하고
습관대로
따순 밥 권하며
겸상하고 산 평생을 바라본다

스물네 살
스물세 살
아무 물정 모르고
한날한시 어른된 후
도란도란 이부자리 속 온기 나누다가
샐쭉해져 피차 돌아눕기도 하다
원앙금침 신방 파란만장으로 도배하며
눈 곰치며 살아온 긴 여정

병명도 안 나오는 골병

서로 내색 않고
어깻죽지 해지도록 자기 자리 지켜온
퇴색된 청실홍실
두 부리를 맞대자
아직 폐백을 드리던 날 기억하는지
뺨에 홍조가 돈다

거미

공기가 차다
벽에 붙은 애매한 그림이
역한 잠으로 엄습해 온다
아무 이미지도 떠오르지 않는 방
잠이 허우적거리며 눅눅하게 스며든다
니글니글 메스꺼운 몸에서
약이 불순한 세력을 향해
산화하고 해체하는 중이다
잠은 아픔을 이기지 못한다
물컹물컹 아프다
벽에 갇혀 아프다
발이 붙잡고 있는 파릇한 공복의 여명
창문 틈새로 어둑살이 걷히는지 자잘한 소음이 들어온다
한마장쯤 떨어진 찻길에는 길들이 달리고 있을게다
세상의 기억들이 뭉개지고
나는 지금 어느 지경에서 모퉁이를 돌고 있는가
어둠 밖을 감지할 줄 모르는 어눌한 신경이
감고 있는 눈 안에서 부산하다
작아진 마음에 헐값으로 넘긴 희망
재빠른 발을 가지고도
운명으로 착각하고 기어만 다녔더니
나는 벽이 되고 벽은 내가 되었다

내가 어떻게 할 수 없는 것은 결코 내 불행이 아니었는데
전생을 핑계삼아 몰래 아프면서 불가능이 자라고 있었다
좀 비루하더라도 필생의 힘으로 살아남아
언젠가 언약한 굳은 맹세를 지켜야겠다

오랜 고립에서 진화한 골골한 몰골이
새벽과 아침 사이의 야윈 문턱을 건너가고 있다

섬

껍질 단단한 삶의 밀도를 지나
도량이 넓은 바다를 바라보는 일은
마음 속 오래 묵혀 둔 외딴섬을
구석구석 돌아보는 일이다

광대무변한 바다에 와 보니 알겠다
쉬지 않고 찰랑대는 물결이
얼마나 격렬하게 흔들리는지
끊임없이 난타당해도
흔들림 없는 의연한 저 모습
과연 바다의 여신이다

옥빛 물결이 받치고 있는 육중한 여신이
사시사철 할 수 있는 일이라곤 그저
휘몰리는 물여울 조각조각 부셔 순간을 다스리는 일
제 몸에 들어 와 다디단 잠에 빠졌던 체온
녹록하게 보관해 주는 일
침묵만이 지배하는 쓸쓸한 항적을 미풍으로 바꾸는 일 외에도
어디에도 없고 어디에도 있는
밀쳐둔 한 형상 간직해 주는 일일 것이다

이유없이 떠나고 싶은 날은

나를 입고 있는 인연이라는 그늘의 문양
그 허망의 뒷모습을 벗어놓고 돌아온다

편견을 버리다

모든 나무는 땅 밑으로 뿌리를 내리는 줄 알았다
뿌리가 깊을수록 태풍에 잘 견디는 줄 알았다
그것은 고정관념이었다
엘에이 한복판 윌셔거리
쭉 늘어선 가로수 중 가장 우람한 나무 한 그루
뿌리가 죄다 땅 위로 올라와
뿌리가 길이 된 길이 있다
통념을 깨버린 확실한 본보기다
틀에 짜여진 관습적 인식을 벗어나 역반상을 시도한
낯설음의 접목이다
결코 쉽게 뿌리 내릴 수 없는 지형
많은 착오로 고심을 반복한 흔적은
생을 맞바꾼 최선의 방법이었음을
울퉁불퉁 거친 뿌리를 보면 안다
땅의 마음과 나무의 마음이 어렵게 교감하여
둘이면서 둘이 아닌 모습으로
저토록 큰 그늘을 키우기까지
혹독하게 자리매김했을 나무
식솔들 데리고 태평양 건너 와
도통 알 수 없는 미래를 턱 부려놓고
갈팡질팡 밤마다 주물러대던
어느 가장의 발바닥 같은 그 길을 지날 때면
늙은 허리 한 번 만져보는 버릇이 생겼다

무소유

수풀 옆
개가 몰랑한 것을 통크게 보시했다
어디서 왔는지
벌레들 와 기어나와
우글우글 따뜻한 숨 고르고 있다
만물의 정기를 먹고 자라는
한낱 미물인 저들에게도 입맛이 있어
방금 나온 따끈따끈한 것을 좋아하나 보나
저만큼 냄새 가시고
꾸들꾸들 마른 것은 눈길도 안 준다
날 때부터 배운 오랜 습성으로
음습한 곳에서 냄새를 기다리고 있었던 듯
고소한 향 코 끝에 닿는 순간
가쁜 입맛 다시며
더듬어 왔을 허기진 다리들
그들에겐 예민한 촉각도 필요하지만
길의 간격과
각도의 경로를 재는 것도 중요했을 듯
고물고물 무작정 오지 않고
길의 맥락을 짚어 한달음에 왔어도
일용할 양식만 먹고 돌아갈 뿐
이고 지고 가지 않는 저들의 자유가
음식 앞에
고루고루 편안하다

야상곡

세상이 어둠 속에 함몰된 밤중
나무끝 정수리가 검은 팔을 뻗쳐
녹턴을 연주하고 있다
달이 휘황하게 살 올라
수만 갈래로 빛을 발산하여
바람의 갈기들을 젖히고
음의 조각들은 검은날개를 퍼득거려
밤의 제국을 들까불고 있다
반쯤은 하늘로
반쯤은 땅으로 기울어진 연옥가는 길목
비스듬이 팔 괴고
감상의 눈꺼풀 내리고 있는 에레보스*
잠의 분만들 사르르 뺨 위에 고인 채
바람의 퍼포먼스에 박자를 맞추고 있다
음양의 오묘한 기운이 서로 화합하여
밤의 완성을 이루고 있는 밤
고양이 한마리 어둡게 와서
타벅거리며 사라지는 밤의 침묵이여
하늘에 속한 것이 땅에 연결되어
촉수마다 발화되고 있는 검은 능선이여
책갈피에 더듬이를 내리거라
정형률로 연하고 순하게 내리거라

세상 모든 것이
마음이 가는 방향으로 쏠려 있는 새벽 2시
초라한 문장 몇 줄 꾸벅꾸벅 졸고 있다

* 에레보스 : 어둠의 신.

레퀴엠

외면은
지층 밑에 매몰된 어느 먼 마을처럼 고고해도
내면은
무언가 큰소리로 터질 것처럼
시한장치를 품고 있는 듯 음산한 병실
고루하고 폐쇄적인 분위기가 강한 허기로 퍼지고 있다

갑각류의 껍질처럼
속이 빈 대나무 외피처럼 차가워져 가는 정신
살아 있는 것은 이렇게 사소한 관련으로
영감과 난점을 불러 일으키고
온갖 느낌을 감지하고 갈무리하던 몸은
둔중한 아픔으로 날마다 위태롭다

헛것들이 사나운 기세로 휘저으며
몸을 어디론지 끌고가는 느낌일까
욕망과 열정이 사라져 버린 氣가 빠진 육체
바라보는 일이
참으로 무참하다

자식 다 여의고 나면
안일한 평온 속에 사실 줄 알았는데

애터지게 살아온 시절이 저리 부질없구나
고분에서 출토된 유골처럼
음산하게 말라가는 근력이
미적미적 뭉그적대는 내리막길
소멸되기 직전의 노을이
공범자 같은 우정으로
운신 못한 몸에 기대어 있다

블루 다이아몬드

블루진 속
탱탱한 허벅지를 가진 죄로
사람들로부터 격리된 여자

그녀를 품으면
죽거나 패가망신해
별관으로 옮겨진 마가 낀 여자가
억울한 빛을 발산하고 있다

나는 죄가 없습니다
사람들이 저를 탐했습니다
고급스런 눈빛으로 호소하지만
눈빛이 아무리 애련해도
집 안으로 다시 돌아갈 수 없는 여자
결코 남의 살을 탐닉한 적 없지만
블루라는 이유만으로
죄의 편에 세워졌다

누가 너를 팔자 센 여자라 칭했느냐
잘못된 판단이 너를 가둬
살갗이 가없이 퇴화되고 있구나

* 와싱톤DC 스미소니언 박물관에는 세계에서 제일 큰 마가 낀 블루 다이아몬드가 전시되어 있다.

사막은 슬프다

사막 한가운데 천리 만리 외딴집
동서남북 둘러봐도 덤불밖에 없는
죽음처럼 엎드린 저 고요한 풍경 속엔
누가 살고 있을까

신기루에서 나온 수천 파장의 적막이
촘촘히 집을 둘러친
단단히 응집된 저 고립
어느 사고무친한 슬픔이
저리도 옹골찬 고독을 받아들였을까
수억 년 버려진 시간에 전입되어
푸석한 바람 아우르고 있는

슬프다는 말은 이런 때 써야 한다
염증난 생의 뒷덜미를 끌고
유장한 길 돌고 돌아 마침내 정착했으리
그늘 한 그루도 키워내지 못하는 곳
고요한 정적 울타리 삼고서야
비로소 외로움 더 독해졌으리
비밀한 내력 숨긴 바람소리가
음울한 화가처럼 적막을 터치하는

사막을 끌고 조심조심 다가가
똑똑 문 두드리면
고요를 몸속에 채운 사람
먼 시간 지난 눈매로 나올지도 모를
시간의 배후에서 호흡하고 있는 저 슬픈집

이생의 연시

만물이 상생하고 있는 혼효한 밤
그믐으로 치닫고 있는 달빛
여물지 않은 채 흘러내려
변산반도를 다 돌고
마지막 수국 잎에서 쉬고 있다

모든 것이 사방 한치에 잠겨
귀 귀울이면 잎 떨어지는 소리까지
들릴 것 같은 섬세한 고요
밤새 쏘다니던 짐승들이 잠깐 조는 이쯤은
신들과 대화하기 좋다는 동틀 무렵
이때는 이승과 저승을 가르는 막이 얇다고 했던가
만권의 책을 읽지 않고도 신과 통할 수 있는 유일한 시간
온갖 영혼들이 기운을 받아 경계를 건너는데
너의 침묵만 견고하여 깰 수가 없구나
글자 한 자밖에 다르지 않는
나의 이승과 너의 저승은 이리 멀고
너는 아직 발랄한데
초라한 시인은 검은 강을 표류하고 있다

더도 덜도 말고
너의 소리 수신할 만한 예민한 귀를 가져

햇빛에 구르는 너의 웃음 들을 수 있다면

영혼의 침묵 깰 수 있는 천상의 목소리를 가져
너가 나를 들을 수 있다면

자유

잘 밀봉된 매실주가 맥없이 깨졌다
껍질의 경계가 박살나는 순간
안과 밖이 없어졌다
미세한 균열이 삶을 흔들어 놓듯
쨍그랑! 찰나와 찰나가 부딪치자
멈춰 있던 생때같은 시간
응어리 채 좌르르 흘러나왔다
드디어 숨통이 터졌다

바닥을 적셔가는 앙금의 붉은 문자
갇혔던 시간만큼 분주하게 새겨나간다
발그레 취해있지 않으면 오십견이 도졌던 여자
하루에도 몇 번씩 자신을 쳐 달래던 상형문자다

지상 한 켠 쌀 속의 뉘처럼 섞여
남의 살은 뒤꿈치 각질까지 박박 밀어냈어도
정작 자기 업보는 밀어내지 못해 맨날 불어있던 손
맨살로 있어도 보이는 가난이
물때 밴 쉰내로 숨통 조여오면
캬아악 시디신 매실주 넘겨
지겨운 삶 다스리던 그녀

타일 바닥에 넘어져 마지막 영혼 개방한 순간
가난한 손금이 때수건 쥔 채로
50년 생을 붉게붉게 써내려가고 있다

구름 위를 걷는 여자

죄송합니다
제가 신발을 찾거든요
지하철 옆자리
분홍 슬리퍼를 신은 여자
똑같은 말을 계속 되풀이 한다
엉성한 신발 앞축에
삐쭉 나온 발가락이 서늘하다

어떤 의미로 박히면 저런 입버릇으로 남을까
며칠 동안 무덤 같은 빈방을 지키다
정신없이 뛰어나왔을 내 또래의 여자
헝크러진 눈으로 나를 빤히 쳐다본다
성치않은 영혼이 불안하다

분열된 세상
장난 같은 운명을 탓하다가
망할 놈의 정도 탓하다가
여러 날을 굶었을까
고장난 레코드 판처럼
역겨운 하루를 쏟아내는 모래 같은 입술

문이 열릴 때마다

그녀의 말이 맞물려 빠져나가고
씻지 않는 머리칼에 유령처럼 포개지는 말
제가 신발을 찾거든요

세상살이는 이렇게
잃어버린 것을 찾는 것인가
슬퍼서
미안해서
나는 다시 시인이 되기도 한나

산국

노란 산국을
연한 소금물에 씻어
아기 재우 듯 살살 말린다

멍석에 파래 말리던
오종종 모여있던 섬마을
물살 센 갯바위 끝
허공에 지천으로 기대 선
산국을 본다

바닷물을 베갯머리에 둔
물머리집 토방
풋앵두 따먹던 아이
육지로 난 뱃길 볼 때마다
도시로 갈꺼야
궁리하던 아이

고요한 물살 위로 물고기들
주둥이 내밀어 초록 뱉어내면
미끈, 비늘파동이 보이던 곳
사정없이 웃자란 옥수수가
서리하는 초생달에 놀라 선잠 깨던 곳

조그만 여자아이를 만나는 일로
해마다 창꽃 피워놓고 설래던 뒷산은
아직도 철철이 봄을 지필까

시퍼런 물소리도 들리지 않는데
산국에서 파래냄새가 난다

천륜

아가!
일흔 넘긴 어머니가
쉰 넘은 저를 부르는 소리입니다

실컷 재밌다가도
아가 소리 들으면
이 나이에도 불쑥 어리광이 번져
울컥 사는 일 다 일러바치고 싶습니다

아가, 부르면
지남철이 서로 당기듯
저절로 붙어나오는 소리
응,

이 두 단어 사이에는
몰랑하고 보송한 보호막이 있어
부르고 대답하는 사이
천금 같은 끈의 관계가
서로 위안을 받습니다

세상에 좋은 말이 많다 한들
어느 소리가

융숭한 심정으로 부르는
이 두 소리만 하겠습니까

3부

몸은 웃음의 저장소

몸 속엔 웃고자 하는 기질이 있어
억지로라도 웃고나면 마음이 환해진다
웃음과 감정이 절묘한 신호로 엇섞여
뇌는 습관적 반응으로 감정을 끌고 간다
태초에 아담과 이브의 입에서
말보다 웃음이 먼저 나온 때문인지
누가 웃어도
웃음엔 기쁨이 묻어있다

항상 웃을 준비가 되어 있는
미끈한 몸의 습성
실핏줄마다 박혀 있는 엔돌핀은
웃음을 아무리 꺼내 써도 줄지 않는 특징이 있다

웃음을 사야 한다면
색색의 분할 웃음을 사서 용도에 따라
아껴가며 웃어야 할 텐데
크게 웃으면 웃음이 다 새나가서
웃는 둥 마는 둥 오므리고 웃어야 할 텐데
웃고 싶으면 수십 번이라도 웃을 수 있는
몸은 웃음의 저장소

웃을 수 있을 때 많이 웃을 일이다
몸 안에 잠겨 있는 웃음을 꺼내
남에게도 나누어 줄 일이다
목젖 보이게
하
하
하
크게 웃을 일이다

나의 이데아

무엇을 위한 고뇌였나
나의 젊음
나의 순수
삶이 영유해야 할 진정한 의미는 문학이라고
말만해도 체중이 가벼워지던 시절
맛없는 술 홀짝거리며
타는 가슴으로 활활 쏟아놓던 문장들
난해하기가 정신병자가 쓴 낙서 같았어도
산삼을 발견한 심마니처럼 상기되던 시절
환한 자유가 그 안에 있었다

나뭇잎들이 바람을 추스리며
밤을 경영하는 밤 어디쯤
발밑에 허연달빛 흥건히 괴어놓고
다람쥐 노리는 카요리 시선으로 섬광을 노렸던
평생 갈망했으나 이루지 못했던 로망
터무니 없는 긴장으로
또는 멍함으로
사막 위 초승달처럼
굽이길 마다에 찢어져야 했던 시선은
결국 마음의 방향을 따라가는 것이었다

모든 것이 저만큼 떨어지고
나를 잡고 있는 꿈의 실체라는 것이
나를 견디게 해준 열정이라는 것이
도시적 환상의 시로 순환되고 있는 지금
문학이
가슴 속 문장 몇 줄 남기는 거라면
과연,
나를 이해하고 있는 문학의 위치는
지금,
어느 대목에 와 있는가

에네켄*

땡볕 속,
하루를 이끌던 리어카
원통히 지나간 자리로
느려터진 노을 마침내 도착하면
건성으로 밥 한 술 뜬 둥 만 둥 물리고
욱신욱신 오갈든 몸 눕혔다지요

휙휙 물에 불린 채찍 휘두른 씰룩대는 엉덩이
등허리에 뱀자국 남기고
퉤,
침뱉고 사라지면
모질게 앙다문 이빨 사이로
핏방울 뚝뚝 받아냈다는 에니켄

핏대 올려 가시 세우고 허공 움켜잡고 있는
가도가도 황량한 유카탄 반도
피나도록 뛰어도 어김없이 붙잡혀 온 원통한 분노여
한쪽 시신경을 끊어버린 빳빳한 가시여
생을 조롱하던 반쪽 세상은 태연한 듯 흘렀지만
소통부재 속 겹겹히 갇혀있던 체념은
탈옥 없는 종신형 감옥이었다지요

백년이 지난 오늘
불온한 메리다 지방을 걷다가
걸음을 멈추고 귀를 귀울인다
층층이 날이 선 가시 사이로
늙은 신음소리 내며 전갈 하나 지나간다
에네켄이 입맛을 다신다

* 에네켄(어저귀) : 가시가 4~5센티되는 섬유식물, 하루에 천개를 잘라야 했다. 1905년 4월2일 1033명의 한국인이 화물선을 타고 멕시코 살리나쿠스 항에 도착. 화와이인 줄 알고 속아서 간 멕시코에서 강제 노동으로 많은 사람이 죽었다.

슬픔은 곧 삶이다

서른 즈음에를 즐겨부르는 남편 친구
내가 떠나보낸 것도 아닌데
점점 더 멀어져 간다
그 대목에선 설움이 미리 알고
미지근한 술을 입에 대면
한 편의 시였던 그들만의 시간이 마이크를 타고
행성을 건너간다

이미 세상에 없는 사람
떠나보내지 못하고
한낱 실루엣에 지나지 않는
알뜰한 그 맹세에 육신을 지탱하고 있는 도처에
슬픔이 상주하고 있다

슬픔에는 더 큰 슬픔을 부어넣어야 맺힘이 풀린다
모두 제 자리에 있는 것 같아도 없어진 것들
남아 있는 자들이 떠난 자의 자리를 기억해야 하는 둥근 가장자리는
서른 즈음으로 갔다가 낯설게 돌아오는 사이
마른 어깨에 탁한 저음이 얹힌다

우리는 모두 죽기살기로 사랑했고

서로 살을 허물어 집을 지었는데
우리가 별이라고 믿었던 것이 어둠을 가리키고 있었다

오직 산다는 것만으로
몇 그램 중량의 그리움 허기처럼 받았으니
점점 멀어지기 전에
우리는 더 그리워 해야 한다
미친 듯 서로 껴안아 주어야 한다

응달의 시절

가게 판지 6개월
이쯤 되면 방향이 전환될 듯도 싶은데
작은 추가 뇌에 고정된 듯
차를 타면
가게 쪽으로 핸들이 꺾인다

깜박 그 길로 들어서면
신호등은 어느새 방향을 가리키고
악다구니와 시린 욕망으로 술래잡던
은폐된 5년의 세계가
희뿌연 실안개로 가파르게 일어선다

과녁을 맞추려 견고히 다지던 눈동자
넘어설 수 없는 언어의 장벽을
꽉 깨문 입술로 버텨야 했던 미완의 세계
다부져 보여도 정작 모질지 못한 천성이
정신을 바짝 차릴수록 정신없던 그때를
쉬 늙어버린 입간판이
연줄연줄 들춰내고 있다

소금 서너 되는 족히 뿌려졌을
닳아진 상가 모퉁이 돌

한때 어느 동양여자의
액막이 역할을 톡톡히 해냈던 탓에
우둘투둘 삭아가고 있는 모서리로
징하게 무더운 여름이 지나가고 있다

가족

성근 나무벽을 사이에 두고
나란히 살고 있는
옆집 할머니 로즈는
머릿결이 항상 가지런하고
빨간 립스틱을 바르고 다니는데요

바깥 출입이 없어선지
어쩌다 눈이라도 마주치면
시간 가는 줄 모르고
스텔라 자랑만 죽 늘어놓는데요

이를테면
학교에 보내고부터 말귀를 잘 알아듣는다는 둥
물을 싫어한대나 어쩐대나
아무튼
참으로 진실에 입각한 자랑인데요

날이 어둑어둑해지면
그 옛날 울엄마 나 불렀던 것처럼
스텔라 스텔라 어찌나 불러대는지
온 동네가 다 목이 컬컬해지는데요

그러면
남편도 되고
친구도 되고
고명딸도 되는 스텔라는
어디 있다 오는지 꼭 우리집 뒷마당을
어슬렁 어슬렁 지나가는데요

의지가지 없는 할머니 목소리가
저녁 때만 되면 하도 애잡짤하게 들려
스텔라 스텔라 부를 때마다
저가 더 고개를 빼고 두리번거려요

마지막 잎새

돌아오지 않는 몇 개의 이미지만
후유증으로 남아 있는 방
다시 잠에서 깨어났지만
날카로웠던 의식은 오리무중이다

모든 감각들이 바이러스에 전이 된 듯
인체의 난점들을 불러 일으키고
빛처럼 거머쥘 수 없는 갈구 속
온갖 느낌을 감지하던 신체기관들이
쌔근쌔근 가냘프다

온 생을 끝없는 애착으로
한번도 신물낸 적 없이
겨우 보이는 한치 앞으로 관절들을 세우고
목고개를 일백 번 고쳐들고
늘어진 인대를 단단하게 표구하며 살아낸 가장

지금은 삭신이 마르고 수족이 가늘어져
명품을 입혀놔도 보잘 것 없는
한낱 늙은 육체에 불과하지만
가족들 입에 곡기 끊길까
여차하면,

쌀 한가마 너끈 짊어지고 뛰던 힘 센 장사였다

어느 가지 끝에선가
마지막 잎이 기어이 떨어지고 말 것 같은 이 밤
빛을 내주고 어둠을 받아들인 이부자리가
불길한 부적처럼 찬기운을 풀어놓는다

무소유 2

알바라도와 선셋
신호등 걸리는 사거리
노인과 바다에서 금방 나온 듯한
완고하게 생긴 노인 하나
때 낀 맥도날드 컵 들고 서 있다

동냥질은 할지언정
전혀 궁색하지 않는 눈빛
박복한 왕처럼
비둘기와 심심하게 놀다
땡그랑 햇빛 떨어질 때마다
갓 블레스 유
축복을 빌어주는 우리들의 위로자

서서 있으면 일터
앉아 있으면 쉼터
누우면 방이 되는
두 치 공터에 시방세계 넣어 놓고
어제는 축복
오늘은 선물
내일은 수수께끼라고
신의 아들 수준으로 살고 있는

죽을 만큼 아픔 없이
어찌 저런 경지에 도달할 수 있으랴
우주만물의 이치를 간파하여
선택한 공의 철학
저 진리 앞에
누가 감히 왈가왈부하리요

일상

햇빛이 모이처럼 떨어지는
비탈진 반지하 네 평 남짓한 가게
도시 소음에 지친 모자들
나른한 기지개를 켜면
잠이 부족해 부수수한 먼지털이가
지루한 오후의 피곤 탁탁 털어낸다

매일매일 똑같은 쳇바퀴 속
몸이 부서져라 일한 것도 아니어서
수입이 그리 짭짤하지 않지만
마뜩찮은 어떤 것이 등 떠밀며
소리소리 지르지 않는 것도 다행이고
노상을 호구지책으로
설상가상 살지 않는 것도 다행이다

봉다리봉다리
눈치 팔아 하루 흥정 끝내고 나면
짐작했던 것보다
삶의 결을 지니고 있는 일상
입에 짝짝 들러붙는 안주 대신
간장 없은 두부라도 여간 괜찮구나

마음 속 생각이 가벼워져
악성빈혈이 가신 요즘
늘 도모만 하다 끝난 시간의 날이
이 정도면 괜찮지 않냐고
들척지근한 하루가
목구멍을 타고 짜르르 넘어간다

채송화

심장 한 복판에 돌멩이가 앉아 있다
가슴에서 비애의 그림자가 지나간다
호흡을 조절하는 데도 소용없이 가빠오는 숨
답답함으로 헛구역질만 해댈 뿐
맥을 억눌러 감정의 분출을 견뎌낸다
위선과 관념으로 잉태되는 분의 잔재
무작정 휘둘림으로 감당도 못하고
무우말랭이처럼 말라가는 지난한 과정
강한 자의 횡포와 약한 자의 숨고르기에서
횡포는 견고하고 숨고르기는 고요하다
눈물로 덜 수 없는 슬픔은
의심과 분노의 비등점에 이르렀다
서로서로 소통하고 공명하지 못한 몸의 감음
실날 같은 숨소리로 날 선 세포를 다둑거려
독기를 제거하고 불안을 잠재워도
뒤지 속같은 먹눈에선 둑이 무너져 내린다
수줍게 피어난 순진무구한 꽃
철사줄바람 다스리며 공들여 꽃잎 올렸지만
마구 날아든 돌덩이엔 대책이 없다
산다는 게 그저
햇살 몇 줌과 바람 몇 조각으로
공간 속 시간을 견디는 것일진데

모든 게 자연의 장엄한 법칙이라 하기엔
던져진 돌이 너무 무거워
차라리, 웃음이 난다
허망한 웃음이

서로 다른 생각

그 말은 정말 묻고 싶지 않았다
하고 싶은 말은 따로 있었다
잠시 현기증이 있었을 뿐
아무 것도 바라는 건 없었다
뜬금없이 어떤 생각이 끼어드는 바람에
그만, 엉겁결에 튀어 나와 버렸다
다수의 사람들은 희망대로 살아가지 않는다
자기 희망과 무관하게 살아가는
한 사람을 만나러 왔는데
예상치 않던 물음이 무척 당황스럽나 보다
가슴에 얹혀 있는 무거운 것이
쿵 빠져나오는 소리가 들린다
태연한 척 눈에 힘을 주는 사람
무척 권위적이어도 혼자서는 소심한 성격이었던가
눈물도 믿을 수 없는 세상에 하물며 사랑을 믿다니
마주 앉아 있어도 서로 다른 생각으로 웃는
무관심한 듯 예민한 두 사람
동냥처럼 준 믿음 모이처럼 쪼아 먹다
서로에 대한 예의만큼 그렇게 끝났다
떠난 게 잔인한 게 아니라 남아 있는 게 죄라는 걸
우선순위에서 물러나
조각난 조각 안고 사는 게 죄라는 걸 알았다

멈춰 있으니 알겠다
어디로 나 있는지 알 수 없었던 길

서름서름한 둘 사이로
예리한 듯 예리하지 않게
제한된 시간은 흐르고 서로의 마음은 지루하게 겹친다
시간은 그저 흘러갔을 뿐인데
사람 마음만 접혀져 있었구나
제거하지 못한 생각 하나가
해묵은 신경과민으로 둘 사이를 지나다니고
서로는 다음 말을 무심히 기다리고 있다

불면

그의 꿈은 음악가였다고 한다
꿈이 곧 짐이 돼버린 건 실향의 중력이
늑골 사이로 파고들어
얕은 잠을 자면서부터였다고 한다
낮에는 일하고 밤에는 또 일하고
바람이 들짐승처럼 울다가 그치다가 할 때면
돌아갈까
어둠을 눕히고 버텼던 체류기간이었다고 한다
어디선가 피아노 소리 들릴 때마다
가슴은 늘 물결처럼 흔들렸으나
환절기 같은 몸살은
그리 오래 품고 있을 게 못 되었다
헛바늘 같이 불현듯 돋아나는 순간적인 작정은
항상 싱겁게 끝나버렸고
생계를 꾸려가되 꿈과 현실은
얼기설기 빵대쑥처럼 뒤엉켰다고 한다
먼지 뒤집어 쓰고 귀가한 날이면
졸아든 꿈 바투 당겨놓고
허름한 부위를 재조명해야 했던
그러나
끝내 행동하지 못했던 결박당했던 고민들
병석을 털고 일어나듯 훌훌 털어버리자

그제서야 불안한 잠이
자유롭게 누웠다고 한다
지금도 신음소리만 낼 뿐
교묘히 이동 중인 정교한 코드 하나는
탈색되거나 부서지지 않고
안으로 부피를 불리고 있다고 한다
기회만 있으면 터져나올 발화성 물체처럼

관계

몹쓸 사람
잘 지냈냐고 한마디쯤 물어볼 수도 있는데
그날은 둘 다 못본 척 헤어졌다
조금은 수척한 모습
한 나흘은 그가 지나쳤던 길이
매웁게 일어섰다

치욕스러워도 각자 살아남아야 하는 현실

다 삭아 발효된 줄 알았는데
감정이 아직 남아있었던 모양이다
머언 모습도 쉽게 식별되어
마주 선 듯 포착되자
각자의 심장에서 송곳 바람이 인듯
서로의 눈초리에서 한바탕 소란이 지나갔다

비속卑俗한 침묵의 외침을 서로 감출 수가 없었다

죄진 것도 없으면서
서로 얼굴을 돌려야 하는 사이
가장 밉지만
상대방 불행이 나의 행복이면 안 되는 사이

사랑과 미움이
미묘한 타협으로 나눠진 뒤

그냥 부는 바람도 이상하게 보는 버릇이 생겼다

내 편안했던 왼쪽이 먹물을 치고
통째로 사라지고
나인 적 없던 내가 나로 돌아왔다
한 번 겪고나니 다른 세계가 한걸음 다가왔나
조건없는 헌신이 미련한 죄가 되었다면
그 죄 앞에 그만 편안해져야겠다

더러운 그리움

노란 유치원생들 새살거림이
꼭 밤톨만한 새떼들 지저귐같이
팔랑팔랑 스며드는 한낮
햇빛 노랗게 번진 벤치에 앉는다

번잡함 피해 날아온 비둘기 두 마리
아장아장 궁둥이 들었다 놨다
재잘대는 시늉으로
도화낀 눈동자가 따라온 눈동자에게
갸웃갸웃 단물 흘리는 모습
음양의 이치에
맑게 씻긴 땅이 수줍다

오늘도 그날처럼 실한 햇빛이다
다행히 그때처럼 유순한 초록이 편안하다
잘 살고 있는거니
실없는 말 연둣빛 햇살에 뱉아본다
어디서 온 말인가
분꽃씨 같은 비둘기 눈이 수상하게 쳐다본다

저만큼서 쌩 날아온 핏발선 또 한 마리
뒤뚱뒤뚱 사이좋은 두 연인 앙칼지게 갈라 놓고

떨떨하게 나를 쳐다본다
가리늦게 무슨 염치없는 소리냐고
대놓고 뚫어져라 쳐다본다
못된 것,
총기 좋은 바람 들어올려
몽니 고약한 이마빡에 냅다 뿌려주고 일어선다

가지 말래도 가더니

늘 거기에 있겠거니
죽음이 가보지 않는 먼 나라로
훌쩍 데려가 버리지 않는 다음에야
항상 그렇게 있겠거니
마음 놓고 있던 사람
이젠 더 이상 거기에 없다

가지 말래도 기어코 가더니
소나기 퍼붓는 나른한 저승의 한 철로
젖은 일생 밀쳐놓고 끌려가더니
혼자는 체신머리 없어 차마 못 오고
가로등 불빛 내다거는 어스름 저녁 때면
주절대는 바람 앞세워 잠시 다녀가곤 한다

가없는 남의 살로 살다가 정신이 번쩍 들면
후회하다 지친 행색으로
천리 길을 건너오는 두서없는 마음 한 칸
그래 궁금한 관심이라고 해두자

위기 없는 삶이 어디 있으랴
이 도시도 한 때는 파밭이었고
디딤돌을 딛고 건너던 냇가였거늘

생을 단련하는 잔혹쯤이야
인간이 익어가는 과정이라 해두자

어느 때가 되면
나를 에워싼 그 많은 무례와
생목 올라오는 가슴언저리가 숙면에 묻히겠지

가버린 사람이 무덤에 살고 있다

Drive Through

버벅버벅 한 말 또 하고 또 하고
진땀 빼지 않아도
말하는 폼이 버터에 익숙해진 걸
용케도 알아차린 맥도날드 오더 머신
이젠, 더 이상 사람과 마주 보며
선웃음 칠 필요 없다

스피커에 대고 있는대로 혀를 굴려도
소통되지 않는 언어로
자존심을 몇 번 강타 당한 후
드라이브 뜨루는
절대 사양이었던 이민 초기
손바닥만한 기계에 대고 나 혼자 말을 해도
산전수전 다 겪은 나이에도
기세가 단번에 꺾여 주눅 들던 시절

그해
우리들에겐 계절이 없었다
입과 귀가 더딘 걸음으로 지난持難을 빠져나오느라
그렇잖아도 구비진 길이 그믐처럼 컴컴했다

기막힌 시절 다 겪어내고

이제는 세상의 주인이 된 내 아가들아
여린 발로 지나간 그 억새밭을
너희가 다 컸다고 어찌 잊겠느냐
바람막이 없던 허허벌판이 사라지고
곤두세웠던 날이 접힌 지금도
Drive Through를 지날 때면
까란 것이 목울대를 훑어 내린단다

4부

성채

새벽에 오는 비는 기쁘다
눈이 맑은 사람에게 많은 것이 보이는 새벽
비 냄새로 몸을 환기시키고
풀잎에 떨어지는 생의 리듬 듣고 있다

모두 무사한 채 비에 젖고 있는 만물들
각자의 요람에서 생명 있는 것들의 환성 소리가
마치 시작종 치기 전 교실처럼
일제히 기뻐하는 소음으로 꽉 차 있고
벌써 빗방울 기억을 잊은지 오래된 나무는
비로소 성호를 긋고 맨발을 드러내기 시작한다

새의 몫이 된 높이 달린 무화과 열매와
등 뒤에 선 늙은 매그놀리아
각기 분수껏 저장하는 양이 다르듯
떨어지는 속도에도 소통의 감정이 달라
열매에는 비파소리가
나뭇잎에는 수금소리가
각각 제 소리로 워십을 하고 있는 성스런 신새벽

세포마다 감각을 깨우고
모든 권태로운 것을 생생하게 치환하는

기쁜 생명들의 찬양 소리
이들의 화음을 눈을 감은 채 듣고 있다

산다는 건 부서진 것을 고치는 일이다

상큼한 아침
가게로 가는 길목
심상찮은 예감이 듦과 동시
사위스런 느낌이 몸을 훑고 지나갔다
여기 저기 패여 지린내 고인 바닥
또박또박 가까이 갈수록 각지고 사나운 기운이
불길한 서곡처럼 음산하게 번졌다

비쭉하니 낡은 건물
빈민을 상대로 싸구려 물건 파는 곳
열넉 자 장방형에 손바닥만 한 하늘 들여놓고
한가할 땐 책도 보고 운문도 짓는 곳
밥벌이라는 명목으로 청춘을 맞바꾼 삶의 출입문이
와장창 박살나 있다

오면서 느꼈던 부적 같은 기묘한 무늬가
아뿔사 허탈하게 몸을 빠져나간다
알람이 경찰서와 연결돼 있다고 붙여논 싸인
연결은 무슨, 쑥스럽게 뒹굴고 있고
호위무사같이 지키고 서 있던 카메라도
돌로 맞은 듯 장난감 병정처럼 쓰러져 있다

뭘 매번 놀라냐고 뇌에서 호루라기 경보 울린다
부서지면 또 고치고 사는 게 인생이라고
남의 나라 와서 사는 것이 어디 그리 쉬운 일이냐고
그래도 다친 데 없이
이만하길 다행이라고 삐리릭 울린다

가슴에서 소용돌이 치던 뭔가가
목까지 차오르다 걸린다

공항에서

동생이 운다
많이 운다

언니야 잘 가라
가서 건강하게 살거라
울음이 가슴으로 갔다가
주절주절 말로 빠져나온다

눈 밑에 물꽃 하나가 내 눈으로 옮겨 와
너도 잘 살아라
눈물이 손바닥을 훔친다

한 사나흘 걸려 훌쩍 다녀올 수 없는 곳
보고싶어도 단걸음에 달려 갈 수 없는 타국에
허하게 살고 있는 언니
우짜든동 몸 단디 챙기고 살다가
내년에 꼭 오라며
다시 만날 것을 다짐받는 언니같은 동생

이런 것도 사는 일 중 하나일 테지만
눈물 빚을
너무 많이 지고 살고 있다

손과 그 노동

평소 잘 보이지 않던
감자 먹는 사람들 손을 보다가
심줄 불거진 울퉁불퉁한
짙은 색채의 데생 유심히 살펴보다가
표면에 묻어 있는 오래된 시간
조심히 들춰보기 시작한다
손들이 다 똑같구나
땅을 일군 농부의 정직한 밥상에서
농촌의 가난한 일상 찾아낸다

황혼의 밀밭 수확하고
굴절된 램프빛 아래 감자를 권하는 손들
빛이 남긴 기묘한 색채엔
삶은 감자 냄새가 옷깃마다 스며 있고
흙을 씻어낸 손에선
풀풀 마른 건초 냄새가 난다

싸이프러스 밀밭 위로 초록별 뜨면
사람들은
감자잎 같은 하루를 겸허하게 지나
밤을 예비해둔 집으로 돌아온다

아, 이 세상 가장 많은 숨결 남겨놓을 곳
사랑의 밥을 먹고
격려의 디딤돌을 딛고 생을 건너가는 곳
모두를 귀환시키면 하루가 완성되는
숭고한 터
집

* 고흐의 그림「감자먹는 사람들」중에서.

갈대

노을을 이고 선
뜬잠같이 가벼운 머릿결
만지면
바삭,
부스러질 것 같네

땅과 하늘을 팽팽하게 끌어당기는 것이
우주의 일이듯
순간순간 시공 구분없이 흔들리는 게
내 사는 일이라고
신간 편히 바람을 타는 저문 육신
공의 무게 견뎌내는 게 삶이란다
여물지 않은 몸 쓰다듬어 주는
억척의 손길

하필 주저앉은 곳이
천지에 기댈 곳 없는
말이 뒤숭숭한 나라인 지라
한 삼 년은 입다물고 두리번 대다가
한 삼 년은 무지막지하게 흔들리기도 하다가
이제사 끄덕끄덕 알아듣고 견딜만 하니까
서걱서걱 뼈 속에 바람 들었네

발 딛고 사는 곳이 고향이지라
피식,
넉살 좋게 웃지만
육십을 넘기고도
향수병을 앓는지 얼굴이 창백하네

蘭

온기라곤 없는 방
차가운 냉기가
벽에 그늘을 만들어
소외를 부추기고 있다
기온이 내려가 손끝이 시린 공복의 시간
주인이 나를 가꾸며 몇 편의 시를 완성하는 동안
난,
한 잎의 꽃도 내밀지 못했다
점점 돌지않는 혈색으로
죄송함 면치 못하는 불임의 연속
바라보는 시선이나 받는 시선이
유리창 기웃대는 꽃에게 눈치 주며
서로 변명을 대신해 주는 동안
오래 묵었던 살갗이 잠시 곤두섰다가
마른 각질로 떨어지는 가없는 기다림
기실 최선을 다해도
막다른 골목에선 달리 할 수 있는 게 없다
그저 한번 더 요행을 바라는 것 외엔
다시 내년을 기다려보는 것 외엔

10초의 단상

가게에 들어서는 사람을 보면
살 것인가 안 살 것인가
1초 만에 판가름난다
3초면
어떻게 살고 있는지
신상까지 거의 파악이 된다

겸허한 표정을 짓고 있어도
우아한 차림을 하고 있어도
목소리 10초만 들으면
오사바사 한지
덕목을 지녔는지
살아온 삶까지 가히 짐작할 수 있다

도통 지경에 있거나
토착의 부적 같은 주술이 있어서가 아니다
과일 중심에 씨가 있듯
몸에 밴 생활이
흔적을
몸의 중심에 남겨두기 때문이다

공양

간판들 즐비한 도시를 떠나
고요가 머무는 들로 간다

갈꽃의 흔들림으로 치장된 들녘
막바지 열정이 서둘러 떠나자
행적이 묘연했던 바람
연락도 없이 와서
푸석한 풍경 만들고 있다

아직 설익은 열매
미처 여물지 못한 채
거짓 속삭임에 말라가고
분분한 헛소문으로
올올이 맺힌 길가 포도밭엔
관능의 몸을 풀었던 여름새가
낡은 햇빛 걸쳐둔 채
먼 곳 향해 날아가고 있다

나무가 자기 몸을 공양하는 계절
빨간 몸을 얻고서도
한번도 꽃이라 불러지지 못한 살점을
대지에 보시하는 싱싱한 저 추락

무심한 몸짓으로 적막을 품고 산 몸이
이토록 아름다웠다니

평생을 세상에서 인내한 뒤
더 이상 머뭇거릴 수 없는
몇 줌도 안 되는 마지막 생을
털어내고 있는 늦가을
가벼워진 몸으로
공양을 드리고 있다

계절

한국은
막 봄이 와서
꽃이 만발해 있더이다
봄산이 너무나 순하고 환해서
들판도 덩달아 환하려고
연두색 이파리를 밀어올리고 있구요
사람들이 꽃구경 한답시고
우루루 떼를 지어 몰려다니고
작은 새들도
여린 꽃무리 사이를 포롱포롱 비집고 다니더이다
색과 색 사이에 출렁이는 향기를 맡으며
돌보지 않아도 색을 다듬어
제철이라고 다시 피어난
꽃들을 보는 순간
쓰라림이 가슴을 치받더이다
꽃피는 일이 뭐 그리 큰 대수겠습니까만
꽃을 들여다 보는데
언제 고여있었는지 눈물이 뚝 떨어집디다
환한 산에서 눈물이라니요
누가 볼까 얼른 발걸음을 옮겼습니다
유배당한 어느 먼 나라의 계절을 딛고 돌아오던 중
환자처럼 무릎이 몇 번 꺾이더이다

어느 교만에게

그는 말할 때 발음이 정확하지 못했다
입 안에서 반은 삭감되어져
심각한 말을 해도 보통말로 들렸고
어혈된 혀끝으로 내뱉는 무딘 언어는
참말도 가슴에 와 닿지 않았다
그도 처음엔 모서리가 딱 맞도록 ㅁ을 발음했다는 걸
사람들은 모른다
온몸이 말이었으나 안개 같은 무서리가 열꽃을 데리고 와
말의 뿌리를 한움큼 잘라 가버린 뒤
발음에 손상을 입은 줄 모른다

원인없이 처음부터 잘못된 건 하나도 없다
모든 존재현상이 빛과 어둠을 동시에 품고 있듯
목울대를 건반처럼 궁글리는 사람 있는 반면
목젖이 하얗게 봉인된 사람도 있기 마련이다
하여, 사람들이여
마음이 여린 사람일수록
생을 피워내는 건 고된 것이니
선량한 목소리를 더디게 듣지마라
둥글고 납작하지 못하여 말이 파닥거려도
보석 같은 신선함
심장으로 느끼는 사람이다

발음이 정확한 네 인생도
끝내는 말의 끝에서 지워진다면
허깨비 같은 말만 성하다고 겨누어 무엇을 가늠하리
죄악과 신성이 함께 맞물려 돌고있는 잣대에
자신을,
습관적 판단으로 엇섞이지 말게 하라

사랑을 안 죄

밤 사이 사랑을 했나 보다
꽃이 피었다
꽃봉오리가 저렇게 몸을 열었다는 것은
하늘을 받아 들였다는 증거다
꽃잎 여는 소리 아무도 듣지 못했지만
닫혀 있던 살점 열리는 순간
천지가 흔들렸을 것이다
이제,
벙글어 있을 때 몰랐던
세상을 보았으니
평생 웃고 살아야 할 것이다
바람을 먹고 햇빛을 먹었으니
씨앗을 남겨야 할 것이다

바른 길

경우를 알라는 말
즉, 도리를 알라는 말이지요
도리라는 말
사람이 마땅히 행해야 할 바른 길이란 뜻이지요
도리를 알면
일신상 수월할 거라는 조상님들의 말씀
그 말의 배경 속엔
모든 일을 물정에 맞게 행동하되
순하고 곧게 살아야 한다는 뜻이지요
제 아무리 박식한 한림학사라도
경우를 모르면 관계의 부재 속에 처하게 됨은
삶에 있어 완성이란 없어도
살아가는 일은
지극히 엄숙하고도 정숙한 일이기 때문이죠

때론, 함정을 꿰뚫어 보는 교활함과
선견지명을 자기에게 유리하도록 저울질하는 권모술수도
삶의 기동성이 될 수도 있겠지요
또한 양자택일을 위해 앞 뒤를 조단조단 따져보고
보는 것과 듣는 것을 견주어 능수능란하게
비위를 맞추는 간사함도 필요할 때가 있겠지요
그러나,

21세기를 살아가는 환타지의 세계는
이해관계를 움직이는 인간관계의 기법이 더 필요할 법
사후를 예측하는 영특함보다 순리를 따르는
온유한 마음이 올바른 세상을 사는 이치일 겁니다
하여, 윤리와 도덕 사이
욕심의 경계를 잘 가르는 일과
주어진 인생을 분수껏 사는 일
이 또한 여기에 해당되는 말일지니
경우를 알라는 말
즉, 도리를 알라는 말은
삶의 맨 앞 줄에 놓아야 할
가장 기본적인 상식이라는 뜻이지요

화석

블루 칼라, 그가 즐겨 입던 색
골수에 박힌 듯
멀리서도 금방 눈에 띄는 색
거부할 수 없는
이런 흡수력은 어디서 오는 걸까

망막이 색의 광선을 물고 있다
번쩌,
번개의 번득임같이 언뜻 찍히면
핏줄 사이로 색의 전류가 순식간에 퍼지고
조마조마 억눌러 있던 수만 갈래 자투리 시간이
두근대는 기질로 일어선다

저렇게
번쩍
명치 끝을 치고 갈 때마다
중심 잃은 가슴은 천리만리 무력증이 오고
관객 떠난 무대처럼 스산한 어깨가
풀썩 한 쪽으로 기울어지는
이를테면,
귀를 잡아당기는 낙진 같은 분말들

잊은 듯 잊히지 않는 부재의 이미지가
사람들 사이에서 언뜻 비치다
부우웅 차 꽁무니에 매달려 사라지고 나면
잠깐 나를 데리고 간 색의 전율은
가다가 돌아보고
섰다가 다시 가는
거역할 수 없는 이 짓을 꼭 반복한다

생과 사

자유 찾아 지구 반 바퀴
북한 중국 베트남 태국
싱가폴 아르헨티나 멕시코 그리고 미국
피 값으로 산 위조여권으로
생사를 넘나든 숨가쁨의 연속
등골 오싹한 지옥문을 날마다 통과했네

헐하게 지불된 이즈러진 목숨
저승에 저당잡히고
죽을 고비로 내쫓기던 몸
바로 세워도 자빠지는 등줄기로
너덜너덜 토막잠을 끌고
질질 기어서라도 이루고야 말 처절한 꿈이었네

자유로 가는 몸부림 속
말이 사람이지 짐승만도 못했던 수모의 나날들
배의 화물칸에서 차의 화물칸으로
광활한 사막에서 기암절벽으로
철조망 국경 너머 땅 밑 국경으로
간당간당 목만 얹혀진 대장정의 질주였네

어두웠던 생애가 마침내 밝았다고

찢어지고 갈라진 스무 해를 견뎠다고
맨몸으로 버틴 질긴 운명이
환하게 웃고 있는 지면 아래
마실 가듯 실없이 가버린 이쁜 배우 목숨이
공교롭게도
한치 아래서 웃고 있네

이삿짐을 싸면서

잡동사니 속, 버릴 것과 남길 것을 가르면서, 하나하나에 묻어 있는 오래된 시간들을 들여다 본다. 현장을 증명해 보이는 아기자기한 사실들, 정확한 위치에 그때 했던 말들 하며 심지어는 어떤 옷을 입었는 것까지, 찻집 입구 서 있던 구새 먹은 고목에 까치둥지 얹혔던 것까지, 조목조목 세세하게 그려져 있다. 패랭이꽃 움쑥움쑥 피어 있는 골목 끝

비키니 옷장 들여놓고 군인각시로 살던 뒷방, 한달치의 연딘괴 한달치의 정부미로 번개탄을 지필 때 양옥집 이층에선 비발디의 사계가 팔랑팔랑 들렸던가

내 머리 속에 이렇게 정확한 지도가 있었는 줄 몰랐다. 몸 속을 뚫고 올라온 정교하게 고안된 기억의 제동장치가, 몇 권 분량의 목록들을 통째로 저장시켜 한 시대의 조각들을 이토록 논리정연하게 설명까지 곁들여 그려놓았을 줄 몰랐다. 집착했던 몇 줄의 사랑과 체념했던 몇 개의 약속 중 기신기신 볼록렌즈로 불거져나오는 완강한 기억 하나 뒷목을 훑어 뻿쌔지게 만들고 있다. 함구하고 있는 입 속 말이 무섭듯 뇌 속에 찍힌 기억이 무섭다.

나를 거부한다

버석거리는 상념 담고
해쓱한 거리로 나선 거리
단 물 머금은 능글맞은 눈길 하나
비릿하게 지나간다
영리한 표정으로 오고가는 사람들
다들 그럴 듯한 명분으로 차림새가 반반한데
박복한 행색으로 걷는 남루한 종아리
숭숭뚫린 뼈가 허청거리며 간다
어디서부터 잘못된 걸까
공식으론 풀리지 않는 허접한 물음
엉망진창 뒤틀린 굴절로 암산하는데
그래, 그랬을꺼야
엉켰던 순서가 끄덕끄덕 겹치며
이해 불가능에서 가능으로
앞 뒤가 오손도손 순하게 잡힌다

헛구역질 오르는 내장
진한 육모초 한사발 들이마셔도
다 게워낼 수 없을 것 같은
느믈거리는 비린 속
평생 애태웠어도 끝내 돌려진 등아
그래, 가거라 가거라

진물 눌러붙은 허름한 옷 속
긁을수록 커지는 부스럼아
벗겨낼수록 일어서는 살비듬아
이제 나를 거부한다
이제 나를 거부한다

경사진 길 끝
시간이 제 무게를 덜어낸 절름거림으로
화두 무성했던 길을 되돌아 온다

친정집을 나서며

가거든
애끼지 말고 바로 묵어라

꾹꾹 눌러 담아준 된장
짐 속에 넣고
그 옛날
내가 먹고 자랐던
박속같은
집을 나서네

이번이 마지막이 될지
또 한 번이 더 있을지
된장 퍼담의며 혼잣말 하던
근력없는 노모 남겨 두고
이번이 마지막이 될지
또 한 번이 더 있을지
저도 혼잣말 하며
눈 아픈 길을 걷네

암시랑토 않다는 듯
어여가라 손짓하는울어매
차마 내 못봐

흐릿흐릿 땅만 보고
설운 걸음 재촉하네

빛 희망 정의

1969년 6월
거대한 열정으로 첫 지면을 연 그날부터
사람들은 다시 희망을 이야기 했습니다

새벽마다 새로운 하루를 부지런히 열어
희망과 용기를 갖도록 고취시켜 준
그 올곧은 흐름이여
우리의 이정표로 정정당당하게 우뚝 선
당신이 자랑스럽습니다

늘 머뭇거리는 우리를 여기 저기 데려다 주고
어떤 마음으로 어떻게 살아야 하는지
이 시대를 조명하는 가늠자로
만인들과 함께 울고 웃으며 지혜와 지식을 준 그대여

태평양 이쪽과 저쪽 바짝 끌어당겨
때 거르지 않고 잘 살게 해달라고
하느님 부처님 천지신명께 기도하는 어머니 모습
해금내로 실어나르는 그대여

단호한 입국 절차 끝내고
가없는 낯선 대륙의 뙤약볕 속

그 어느 길도 맘 놓고 가지 못해 갈팡질팡 할 때
새로운 소통으로 안전한 길 보여주던 모국어는
한줄기 위안의 빛이었습니다

찬란한 새벽 등에 업고
거침없이 달려온 한국일보여
다음 세대 내 자녀 자녀에게도
추구하고 정진해야 할 삶의 가치
바르게 인식하게 해주시고
서로가 손을 맞잡고
정의롭고 자유로운 길 향해 도약할 수 있도록
세세토록 잘 이끌어 주소서

* 《미주한국일보》 40주년창간기념 축시.

이것을 아는데 꼭 마흔 해가 걸렸다

나의 꿈은 소박해야 한다
나의 사방은 언제나 맑은 종소리가 들려야 하고
두레길을 닮아야 한다
내 몸에 작은 심지를 놓아
그 심지의 힘으로 낮아져
오랜 간절함으로
길 끝에서 불을 찾는 자에게 환하게 켜져야 한다

나는 더욱 손을 내밀어야 한다
꽉 싸맨 마음의 깜깜한 짐승을 풀어주어야 한다
시퍼렇게 날 세운 분노 한 덩어리 잘디잘게 잘라
기우뚱 쌓인 한쪽을 덜어내야 하고
파란만장한 허방다리를 건너
휘파람새 따라가는 길 안내해야 한다

나는 또 잡목 우거진 숲이 되어야 한다
와서, 다 와서 가뭄으로 말라있는 심신
새로운 기로 회생하게 하여야 한다
나무의 언어를 들으며 그림을 그리게 하고
달음질치는 다람쥐 모습
시인의 마음으로 마중하게 해야 한다

그러므로 나는
걸어서 하늘까지 가야 한다

해설

노스캐롤라이나의 밤은 깊다

이형권 문학평론가 · 충남대 교수

노스캐롤라이나의 밤은 깊다

이형권 문학평론가 · 충남대 교수

1. 시는 야상곡이다

LA지역을 중심으로 한 미주의 시단은 국내의 지역문단 못지않게 활성화되어 있다. 그 규모나 특성에서 한 지역 문단으로서의 위상을 충분히 갖추고 있다. 미주에는 LA와 뉴욕을 중심으로 300명 내외의 시인들이 활동하고 있는데, 그들은 본국의 시단과 꾸준히 교류하면서 자체적인 시단을 형성하고 있다. 그들은 대개 한국에서 태어나 성년이 되어서 미국에 건너갔기 때문에 모국어 구사 능력에서 별반 불편을 겪지 않는 사람들이다. 취업 이민이나 투자 이민, 혹은 전문가 이민으로 미국에 정착한 그들은 언어와 문화 측면에서 경계인의 입장에 처해 있다. 경계인으로서 살아가면서 시를 쓴다는 것, 그것은 타국 언어의 환경 속에서 모국어의 전통을 지켜 나가야 하는 데서 오는 혼란을 극복해야 한다. 즉 미국에서 한글시를 쓴다는 것은 언어적, 문화적 자기정체성이 뚜렷하지 않고서는 불가능한 일이다.

정국희 시인은 미국 생활을 하면서도 한국인으로서의 정체성을 분명하게 지키면서 사는 사람이다. 내가 정 시인을 알게 된 것은 UCLA에 방문 교수로 있을 때였는데, 그곳에서 다른 시인들과 더불어 몇 차례 만나 이민 생활이라든가 LA지역 한인시에 관해 이런저런 이야기를 나눈 적이 있었다. 알고 보니 그녀는 이미 한국에서 시집을 낸 중견 시인으로서 미주지역 시문학회를 결성하여 회장으로 활동하고 있었다. 귀국을 한 이후에도 나는 LA에서의 추억을 생각할 때마다 정 시인의 부드러운 여성성과 은근한 카리스마를 떠올리곤 했다. 그런데 얼마 전에 시집을 낸다고 하면서 해설을 부탁한다는 전자메일이 첨부파일과 함께 내게 배달되었다. 그녀의 시를 찬찬히 읽어보면서 나는 서정적인 감수성과 실존의 의지, 혹은 부드러운 모성애와 열정적인 생명력을 복합적으로 느낄 수 있었다. 그녀는 미국이라는 멀고 낯선 땅에서 이민자로 살아가면서 겪을 수밖에 없는 삶의 신산스러움을 서정적인 야상곡과도 같은 시를 쓰면서 극복해 내고 있었던 것이다.

음양의 오묘한 기운이 서로 화합하여
밤의 완성을 이루고 있는 밤
고양이 한마리 어둡게 와서
타벅거리며 사라지는 밤의 침묵이여
하늘에 속한 것이 땅에 연결되어
촉수마다 발화되고 있는 검은 능선이여
책갈피에 더듬이를 내리거라
정형률로 연하고 순하게 내리거라
세상 모든 것이
마음이 가는 방향으로 쏠려 있는 새벽 2시
초라한 문장 몇 줄 꾸벅꾸벅 졸고 있다
—「야상곡」 부분

이 시에서 "밤"은 시가 존재하는 시간이다. "음양의 오묘한 기운이 서로 화합"하는 시간인 "새벽 2시"에 시인은 시를 쓰고 있다. 시인에게 밤의 시간은 낮 동안의 소란스러움과 갈등의 양상이 사라지는 때이다. 그 시간에 언어는 순도가 높아지고 영혼은 단련되어 인생을 성찰하고 세상을 발견하는 데 더없이 좋은 시간이다. 이 시집의 주인인 정국희 시인은 그러한 밤에 야상곡을 부르듯 시를 노래한다고 할 수 있다

2. 구름 위를 걷는 여자, 혹은 시인

시를 쓴다는 것은 무엇인가? 이 시집에는 이 물음에 대한 대답으로서의 시편들이 빈도 높게 드러난다. 한 시인이 시를 쓰면서 시에 대한 메타적 상상을 빈도 높게 수행한다는 것은 시적 자의식이 강하다는 것을 의미한다. 그것은 또한 시인으로서의 삶을 살아가는 자신을 대상으로 한 것이므로 인생에 대한 자의식이 분명하다는 것을 의미한다. 자의식은 타인과 구별하려는 자기의식의 일종이므로 자신의 인생을 다른 사람과 다르게 생각하려 한다는 점에서 한 인간의 개성과도 관계가 깊다. 자의식은 한 인간을 자칫 자폐적인 상황으로 몰고 갈 수도 있지만, 그것이 시적으로 승화될 때는 창의적 상상력으로 나아가는 긍정적 힘을 발휘한다.

죄송합니다
제가 신발을 찾거든요
지하철 옆자리

분홍 슬리퍼를 신은 여자
똑같은 말을 계속 되풀이 한다
엉성한 신발 앞축에
삐쭉 나온 발가락이 서늘하다

어떤 의미로 박히면 저런 입버릇으로 남을까
며칠 동안 무덤 같은 빈방을 지키다
정신없이 뛰어나왔을 내 또래의 여자
헝크러진 눈으로 나를 빤히 쳐다본다
성치 않은 영혼이 불안하다

분열된 세상
장난같은 운명을 탓하다가
망할놈의 정도 탓하다가
여러 날을 굶었을까
고장난 레코드 판처럼
역겨운 하루를 쏟아내는 모래같은 입술

문이 열릴 때마다
그녀의 말이 맞물려 빠져나가고
씻지 않는 머리칼에 유령처럼 포개지는 말
제가 신발을 찾거든요

세상살이는 이렇게
잃어버린 것을 찾는 것인가
슬퍼서

미안해서

나는 다시 시인이 되기로 한다

—「구름 위를 걷는 여자」 전문

이 시의 정황은 흥미롭다. "지하철"에서 "분홍 슬리퍼를 신은 여자"가 연신 신발을 찾는다는 말을 "입버릇"처럼 하면서 돌아다니고 있다. "씻지 않는 머리칼"로 묘사되었듯이 초췌한 모습을 지닌 그녀의 말은 "고장난 레코드판"이나 "모래같은 입술"에서 흘러나오는 것처럼 거칠고 삭막하다. 왜 그럴까? 그녀는 "헝클어진 눈"과 "성치 않은 영혼"의 소유자로서 세상과 격리된 채 "무덤같은 빈 방을 지키다"가 외출을 한 "내 또래의 여자"이다. 그녀가 왜 그런 심신의 상태가 되었는지는 세 번째 연의 "분열된 세상/ 장난 같은 운명"이라는 시구에 암시되어 있다. 그녀는 아마도 순진하고 순수한 영혼을 간직한 사람이었을 터, 삭막한 세상이 그런 사람을 불안과 공포로 몰아갔을 것이다. 그리하여 영혼과 육신의 병을 얻은 그녀는 병실이나 골방에 갇혀 하루하루를 힘겹게 살아왔을 터, 모처럼만에 외출을 하여 하는 말이 "제가 신발을 찾거든요"이다.

그녀가 찾는 "신발"은 단순한 도구로서의 신발은 아닐 것이다. 마치 반 고흐의 그림인「신발」에 대한 하이데거의 해석처럼, 삶의 모든 의미가 함축된 상징적 의미를 표상한다고 할 수 있다. 그것은 소녀 시절의 순수한 꿈일 수도 있고, 처녀 시절의 아름다운 사랑일 수도 있을 것이다. 그런데 중요한 것은 그러한 그녀의 모습을 보면서 "나는 다시 시인이 되기로 한다"는 것이다. 그 이유는 "세상살이는 이렇게/ 잃어버린 것을 찾는 것"이라는 각성과 함께 "슬퍼서/ 미안해서"라고 한다. 이 대목은 예술은 결핍된 것을 충족하려는 욕망과 관계 깊다는 프로이트의 주장과 일치하지만, 자아의 결핍뿐만이 타인의 결핍에 대한 안쓰러운 감정까지도 시의 모티브가 된다는 점에서 독특하다. 시의 제목인 "구름 위를 걷는 여자"는 그러므로 현실의 결핍을 고양하기 위해 탈현실을 지향하는 시인의 다른 이름이다.

결핍이 가장 많을 때는 청춘의 시절이다. 시가 결핍을 노래하는 것, 아니 결핍을 노래하면서 역설적으로 그것의 극복을 추구하는 것이라면 시는 청춘의 노래이다. 청춘의 시절은 인생의 어느 시기보다도 결핍으로 가득 찬 때이다. 청춘은 현실과 타협하지 않고 물들지도 않는 순수한 이상을 소유한 존재이기 때문이다. 시인이 현실과 어울리지 못하는 것은 바로 그러한 청춘의 마음을 간직하고 살아가기 때문이다.

무엇을 위한 고뇌였나
나의 젊음
나의 순수
삶이 영유해야 할 진정한 의미는 문학이라고
말만해도 체중이 가벼워지던 시절
맛없는 술 홀짝거리며
타는 가슴으로 활활 쏟아놓던 문장들
난해하기가 정신병자가 쓴 낙서 같았어도
산삼을 발견한 심마니처럼 상기되던 시절
환한 자유가 그 안에 있었다

나뭇잎들이 바람을 추스리며

밤을 경영하는 밤 어디쯤
발밑에 허연 달빛 흥건히 괴어놓고
다람쥐 노리는 카요리 시선으로 섬광을 노렸던
평생 갈망했으나 이루지 못했던 로망
터무니없는 긴장으로

또는 멍함으로
사막 위 초승달처럼
굽이길마다 찢어져야 했던 시선은
결국 마음의 방향을 따라가는 것이었다

모든 것이 저만큼 떨어지고
나를 잡고 있는 꿈의 실체라는 것이
나를 견디게 해준 열정이라는 것이
도시적 환상의 시로 순환되고 있는 지금
문학이
가슴 속 문장 몇 줄 남기는 거라면
과연,
나를 이해하고 있는 문학의 위치는
지금,
어느 대목에 와 있는가

—「나의 이데아」 전문

이 시의 "이데아"는 "나의 젊음"과 "나의 순수"를 지탱해 주는 "진정한 의미의 문학"이다. 밤을 새워 완성한 "타는 가슴으로 활활 쏟아놓던 문장들"은 시인에게 "산삼"과도 같이 희귀

하고 소중한 것이다. 그것이 소중한 이유는 현실의 질곡에 얽매이지 않는 "환한 자유"가 있기 때문이다. 이 "자유"는 "평생 갈망했으나 이루지 못한 로망"을 이루게 하는 것으로서의 의미가 있다. 그것은 "사막 위 초승달처럼/ 굽이길마다 찢어져야 했던 시선"을 거두어 주는 "로망"인 것이다. 인간이 평생을 살아가면서 "로망"을 하나 간직하고 산다는 것은 아름다운 일일 터, 정 시인에게 그 "로망"을 이루게 해주었던 것은 "시" 혹은 "문학"이라는 점은 의미심장하다. 진정한 시인은 상상 속에서 전지전능하고 자유로운 존재라는 점을 강조해 주고 있기 때문이다.

속박으로 가득한 세상에서 시를 통해 자유로워진다는 것, 그것은 시가 간직하고 있는 위대한 예술적 상상 때문에 가능한 일이다. 시인은 흔히 창조자라고 불리거니와 그가 창조자일 수 있는 것은 정신적, 정서적 자유를 통해 현실의 관습적 인식을 갱신해 주기 때문이다. 그러나 시인의 창조는 영원한 추구의 과정 속에 있는 것이지 현실의 구체적 결과물로 나타나는 것이 아니다. 시인이 "나를 이해하고 있는 문학의 위치는/ 지금/ 어느 대목에 와 있는가"라고 부단히 성찰하는 것은 그러한 이유이다. 시를 쓴다는 것은 삶과 죽음을 넘나드는 영원한 기표의 놀이일 따름이기 때문이다. 삶의 결핍뿐만 아니라 죽음마저도 시의 최종적인 완성형이 되지는 못한다. 그래서 "몇 천 줄의 시로 풀어 쓴들/ 오척단구로 표현되는 인간의 기미를 어찌 다 옮기며/ 목청이 좋다한들/ 우주를 초월한 운명의 힘을 어찌 다 읊으랴"(「레퀴엠」 부분)고 노래하는 것은 시인의 운명이다. 그것은 "다음 생이 있다면/ 그땐 노랠 불러야겠다"(「다음 생이 있다면」 부분)고 할 정도로 이승의 삶으로 해결할 수 없기에 영원히 이데아를 찾는 일이기 때문이다.

영어가 공적 언어인 미국에서 한국어로 시를 쓴다는 것은 여간 어려운 일이 아니다. 미국 땅에서 모국어를 일상의 언어로 사용하는 것도 쉽지 않은 일이거니와 그것을 예술적 언어의 차원에서 활용한다는 것은 더욱 그러하다. 그것은 모국어와 시에 대한 각별한 사랑과 열정이 없이는 불가능한 일이다. 이민 생활이라는 것이 성공하면 성공한 대로 그렇지 못하면 그렇지 못한 대로 마음의 뿌리를 깊이 내리기 어려울 터, 이민자들에게 모국어는 자신의 정신적 뿌리를 드러내는 것이니 그것에 대한 애착은 남다를 수밖에 없다. 그들에게 모국어는 말 그대로 어린 시절부터 들어오던 어머니의 말씀으로서 육체와 정신의 근원에 해당하는 자궁의 언어요 고향의 언어이다. 이러한 점에 대한 인식은 "가없는 낯선 대륙의 뙤약볕 속/ 그 어느 길도 맘 놓고 가지 못해 갈팡질팡 할 때/ 새로운 소통으로 안전한 길 보여주던 모국어는/ 한줄기 위안의 빛이었습니다"(「빛 희망 정의」 부분)와 같은 시구에 함축되어 있다.

3. 에네켄, 갈대의 노래를 들어라

정국희 시인이 시를 쓰는 이유는 현실의 결핍감을 정신적, 정서적으로 극복하기 위한 것이다. 그녀가 현실에서 결핍감을 느낄 수밖에 없는 가장 큰 이유는 무엇보다도 이민자로서의 고달픈 삶 때문이다. 이민 생활은 그 출발이 자발적이었거나 운명적이었거나 상관없이, 현재가 성공적이든지 지지부진하든지 간에 고독과 소외의 그늘에서 완전히 벗어날 수가 없다. 어머니와 가족 친지들이 살고 있는 고국을 등지고 떠나면 미국 땅에서 낯선 언어와 문화 속에서 살아가는 일은 신산스럽기 한이 없다. 정 시인은 자신을 비롯한 미국의 한인 이민자들의 삶이 갖는 고난의 표상을 한 세기 전의 역사적 사실에서 찾는다.

땡볕 속,
하루를 이끌던 리어카
원통히 지나간 자리로
느려터진 노을 마침내 도착하면
건성으로 밥 한 술 뜬 둥 만 둥 물리고
욱신욱신 오갈든 몸 눕혔다지요

훠훠 물에 불린 채찍 휘두른 씰룩대는 엉덩이
등허리에 뱀자국 남기고
퉤,
침뱉고 사라지면
모질게 앙다문 이빨 사이로
핏방울 뚝뚝 받아냈다는 에네켄

핏대 올려 가시 세우고 허공 움켜잡고 있는
가도가도 황량한 유카탄 반도
피나도록 뛰어도 어김없이 붙잡혀 온 원통한 분노여
한쪽 시신경을 끊어버린 빳빳한 가시여
생을 조롱하던 반쪽 세상은 태연한 듯 흘렀지만
소통부재 속 겹겹이 갇혀있던 체념은
탈옥 없는 종신형 감옥이었다지요

—「에네켄」 부분

버벅버벅 한 말 또 하고 또 하고
진땀 빼지 않아도
말하는 폼이 버터에 익숙해진 걸
용케도 알아차린 맥도날드 오더 머신
이젠, 더 이상 사람과 마주 보며
선웃음 칠 필요 없다

스피커에 대고 있는대로 혀를 굴려도
소통되지 않는 언어로
자존심을 몇 번 강타 당한 후
드라이브 뜨루는
절대 사양이었던 이민 초기
손바닥만한 기계에 대고 나 혼자 말을 해도
산전수전 다 겪은 나이에도
기세가 단번에 꺾여 주눅 들던 시절

그해
우리들에겐 계절이 없었다
입과 귀가 더딘 걸음으로 지난 지난을 빠져나오느라
그렇잖아도 구비진 길이 그믐처럼 컴컴했다
—「Drive Through」 부분

앞의 시의 "에네켄"은 멕시코 지방이 원산지인 외떡잎 식물이다. 가시가 많은 이 식물은 식민지 개척 시대에 선박용 로프의 원료로 애용되었다. “유카탄 반도”에는 “에네켄” 농장이 많이 있었지만 노동력은 턱없이 부족했다. 하여 한인 노동자들이 그곳으로 실려가 살인적인 농장일을 했던 것이다. “에네켄”은 그리하여 미주지역 초기 이민자들의 고달픈 정착 과정을 표상한다. 맨 앞의 시구인 “땡볕 속/ 하루를 이끌던 리어카”는 당시 이민자들의 힘겨운 노동 현실을 반영하고, “느려터진 노을”은 고통스런 노동의 시간이 더디 가는 것에 대한 노동자들의 답답한 심사를 드러낸 것이다. “채찍 휘두른 실룩대는 엉덩이”는 노동자들을 괴롭히는 농장의 감시자일 터, 이국땅에 실려간 한인 노동자들은 그에게서 과도한 노동을 강요받고 모진 모멸감마저 느끼면서 살았던 것이다. “종신형 감옥”과도 같은 삶을 견뎌낸 그들의 인내심은 그대로 오늘의 미주 이민자들의 삶의 토대가 되었던 것이다.

뒤의 시는 이민자들이 겪는 문화적 이질감을 토로하고 있다. 초기 이민자들을 가장 힘겹게 하는 것 가운데 하나는 “소통되지 않는 언어”의 문제이다. 아무리 오랜 세월 동안 이국의 언어를 사용하면서 살아도 원어민의 수준에 도달할 수가 없는 것이 언어의 속성이다. 이 시의 주인공은 현지 언어에 능통하지 못했던 이민 초기에 “Drive Through”를 지날 때에 “버벅”대던 경험을 떠올린다. 패스트 푸드를 구매할 때 많이 활용하는 “Drive Through”에서는 재빠른 언어 구사와 동작을 요구한다. 자동차가 가게를 지나가는 빠른 시간 내에 물건을 주문하고 계산을 해야 하기 때문에 즉문즉답을 해야 하는 것이다. 그러나 이 시의 주인공처럼 초기 이민자가 그 일을 익숙하게 할 리가 없다. 언어 때문에 겪은 그 어려움은 평생의 기억으로 마음 깊은 곳에 자리를 잡고 있다. 시의 주인공은 자식들을 다 키워낸 지금도 그 시절을 생각하면 목이 멘다. 그만큼 이민 생활의 어려움이 컸던 것이다.

이민 생활은 또한 인간의 어린 시절의 꿈을 앗아간다. 모국에서 꾸었던 삶의 꿈을 머나먼 타국 땅에서 그대로 간직하고 산다는 것은 거의 불가능한 일이다. 이를테면 어린 시절 "그의 꿈은 음악가였다"지만 우여곡절 끝에 이민을 온 뒤부터 그 꿈은 꿈으로서의 기능을 상실해 버리고 만다. 그것은 "꿈이 곧 짐이 되어버린 건 실향의 중력"(「불면」 부분) 때문이라는 고백은 의미심장하다. "실향"은 단순히 고향을 잃어버리는 것이 아니라 유년의 순수함과 꿈을 잃어버리는 것이다. 더구나 고향에서 멀리 떨어진 이국땅에서 쫓기듯 살아가는 이민자들에게 실향은 운명적인 마음의 고난에 해당한다. 그것은 "발 딛고 사는 곳이 고향이지라/ 피식/ 넉살 좋게 웃지만/ 육십을 넘기고도/ 향수병을 앓는지 얼굴이 창백하네"(「갈대」 부분)에 드러나듯이 끈질기다. 이 고난에 대한 응전에서 정국희 시인의 방식은 독특하다. 간혹 "유배당한 어느 먼 나라의 계절"의 "눈물"(「계절」 부분)과 같은 감상적인 향수에 젖어들기도 하지만, 전체적으로는 강인한 의지력과 새로운 생명의 발견을 통해 실향의 고통을 극복하고자 한다.

모든 나무는 땅 밑으로 뿌리를 내리는 줄 알았다
뿌리가 깊을수록 태풍에 잘 견디는 줄 알았다
그것은 고정관념이었다
엘에이 한복판 윌셔거리
쭉 늘어선 가로수 중 가장 우람한 나무 한 그루

뿌리가 죄다 땅 위로 올라와
뿌리가 길이 된 길이 있다
통념을 깨버린 확실한 본보기다
틀에 짜여진 관습적 인식을 벗어나 역발상을 시도한
낯설음의 접목이다
결코 쉽게 뿌리 내릴 수 없는 지형
많은 착오로 고심을 반복한 흔적은
생을 맞바꾼 최선의 방법이었음을
울퉁불퉁 거친 뿌리를 보면 안다
땅의 마음과 나무의 마음이 어렵게 교감하여
둘이면서 둘이 아닌 모습으로
지토록 큰 그늘을 키우기까지
혹독하게 자리매김했을 나무
식솔들 데리고 태평양 건너 와
도통 알 수 없는 미래를 턱 부려놓고
갈팡질팡 밤마다 주물러대던
어느 가장의 발바닥 같은 그 길을 지날 때면
늙은 허리 한 번 만져보는 버릇이 생겼다
—「편견을 버리다」 전문

이 시에서 말하려는 "편견"은 "고정관념"이나 "틀에 짜여진 관습적 인식"이다. 가령 이민 생활은 고난과 고통의 연속일 뿐일 거라는 사람들의 인식은 미국에 사는 한인들이 지닌 "편견" 가운데 으뜸에 해당할 것이다. 그러한 "편견" 속에서 사는 미주 한인들은 아메리칸 드림은 남의 일이라고 체념을 하면서 가난과 고독 속에서 하루하루를 연명하듯이 살아간다. 그러나 이 시에 의하면 그러한 무력감은 "역발상"에 의해 극복이 가능하다. 시인은 "모든 나무는 땅 밑으로 뿌리를 내리는 줄 알았다"는 것, 그래서 "뿌리가 깊을수록 태풍에 잘 견디는 줄 알았다"는 것, 이것은 누구나 인정하는 이 상식을 다시 생각해 본다. 즉 "엘에이 한복판 윌셔거리"에서 "뿌리가 죄다 땅위로 올라와/ 뿌리가 길이 된 길이 있다"는 사실을 보면서 그러한 상식이 "편견"일 수 있다는 사실을 깨닫는다. "뿌리"는 옆으로 퍼져나가면서도 나무의 생명을 지키는 근원으로서의 역할을 충실히 한다는 사실을 발견한 것이다.

이 독특한 나무의 형상에서 시인은 이민자의 삶의 희망적인 가치를 발견한다. 이민자들은 실상 정신적으로나 현실적으로 뿌리가 깊지 못하기에 "태평양을 건너와/ 도통 알 수 없는 미래를 턱 부려놓고/ 갈팡질팡"하는 삶을 살게 마련이다. 그러나 "뿌리"가 깊지 못한 이민자들의 노마드적인 삶은 오히려 "길"을 적극적으로 추구함으로써 낯선 땅에 적응하는 에너지를 얻는 것이다. 토착민이나 먼저 정착한 사람들에 비해 "뿌리"가 깊지 못한 핸디캡을 오히려 새로운 세계를 추구하는 데 요구되는 장점으로 수용하고 있는 것이다. 사실 미국이라는 다문화 사회에서 "뿌리"라는 이름으로 배타적인 의식을 갖는 것은 그 사회에 적응해 살아가는 데 방해가 될 뿐이다. 시인은 이러한 사실에 대한 예리한 각성과 함께 역설적인 인식을 통해 이민 생활의 희망을 견인하는 것이다.

4. 시는 내 생명이다

결핍과 고통으로 얼룩진 삶과 현실에 대한 성찰을 거쳐 시인이 마침내 도달한 것은 생명의 하모니가 울려 퍼지는 곳이다. 시인은 마침내 "세포마다 감각을 깨우고/ 모든 권태로운 것을 생생하게 치환하는/ 기쁜 생명들의 찬양소리/ 이들의 화음을 눈을 감은 채 듣고 있다"(「성채」 부분)는 경지에 도달한다. 이 생명은 온실에서 피어난 꽃처럼 겉모습만 예쁜 것이 아니라 들판에서 피어난 꽃처럼 진한 향기를 간직한다. 미국에서 살아가는 한인들은 그래서 야생의 꽃이라고 할 수 있을 터, 이 시집의 시편들은 그들의 삶에 드리워진 진한 향기를 발견했다는 점에서 커다란 의의를 갖는다. 그리고 그것은 우주적 생명과 인간적 심성으로의 확장성을 띠면서 흥미로운 세계를 창조한다.

어둠 속
밤을 움직이는 파도소리는 새가 날아가는 소리보다 아름답다
파도의 현을 켜서 검은 음표를 토해내는 바다
울퉁불퉁 물결이 길어올리는 하모니는
물고기들에겐 아늑한 자장가 소리
우주가 쌔근쌔근 숨쉬는 소리다

별들이 긴 여장을 풀고 잠들어 있는 풍만한 저 품속
물의 결을 따라 달빛이 한 올 한 올 두릅으로 엮이고
멈춤을 모르는 출렁임의 근성으로
넘실넘실 생의 맥박이 일어서는 동안
밤의 등허리는 동쪽을 향해 조금씩 돌아눕고 있다

두 귀 모으고 나를 지키는 별들
설혹 내가 서 있는 이곳이
깊은 바다 한가운데일지라도
만선의 깃발처럼 펄럭이며 나갈 수 있을 것 같아
스스로 간담이 서늘해 지다가
문득
달을 품고 몸 추스리는 검은 해저 속
환각의 그림자 하나 건져올린다

갑자기 무언가에 용서 빌고 싶은 마음

잠깐, 그를 떠올리고 만다
—「노스캐롤라이나의 밤」 전문

이 시의 표제인 "노스캐롤라이나의 밤"은 정국희 시인이 추구하는 시의 세계를 함축적으로 표상한다. 시의 배경인 "밤"은 생명에 대한 시적 인식이 우주적으로 확장성을 띠면서 내면적으로 깊어지는 시간이다. 밤바다의 파도소리는 "파도의 현을 켜서 검은 음표를 토해내는" 독특한 이미지로 형상화된다. 그 물결은 "별들이 긴 여장을 풀고 잠들어 있는 풍만한 저 품속"이자 "달빛이 한 올 한 올 두릅으로 엮이고" 있는 모습으로 형상화되고 있다. 별빛과 달빛과 파도가 어우러진 이 거대한 공간 속에서 시인은 "우주가 쌔근쌔근 숨쉬는 소리"를 듣고 있는 것이다. 이 순간에 시인은 또한 "검은 해저 속/ 환각의 그림자 하나 건져올린다"고 한다. 그것은 마음 속에 깊이 드리워진 삶의 그늘을 성찰하는 일이라고 할 수 있을 터, "그"에게 "용서를 빌고 싶은 마음"을 갖게 되는 것이다.

이 용서와 화해의 마음은 우주적 원융의 원리와 다르지 않다. 이 시의 중심 이미지인 "노스캐롤라이나의 밤"은 우주적 생명의 오묘한 원리를 깨닫는 시간을 표상한다. 그것은 우주의 넓이를 마음의 깊이, 마음의 깊이를 우주의 넓이로 호환하는 시의 시간이다. 아래의 시구에서처럼 생명의 "숲"을 가꾸면서 시의 "하늘"을 열망하는 삶을 살아가겠다는 다짐, 그것은 정국희 시인이 노스캐롤라이나의 밤에 깨달은 삶과 시에 대한 깊은 통찰의 결과이다. 하여 시는 마침내 그녀의 우주이다, 아니 생명이다.

> 나는 또 잡목 우거진 숲이 되어야 한다
> 와서, 다 와서 가뭄으로 말라있는 심신
> 새로운 기로 회생하게 하여야한다
> 나무의 언어를 들으며 그림을 그리게 하고
> 달음질치는 다람쥐 모습
> 시인의 마음으로 마중하게 해야 한다
>
> 그러므로 나는
> 걸어서 하늘까지 가야 한다
>
> ―「이것을 아는 데 꼭 마흔 해가 걸렸다」 부분

정국희

창조문학 신인상
미주한국일보 시부문 입상
미주한국문인협회 이사및 사무국장
미주시문학회 회장
시와 사람들 동인
시집 :『맨살나무 숲에서』,『신발 뒷굽을 자르다』

이메일 : elegantcookie@hotmail.com

정국희 시집
노스캐롤라이나의 밤

발　행 2013년 5월 10일
지 은 이 정국희
펴 낸 이 반송림
편집디자인 김지호
표지디자인 도서출판 지혜
펴 낸 곳 도서출판 지혜
계간시전문지 애지
기획위원 반경환 이형권 황정산
주　소 300-812 대전광역시 동구 삼성1동 273-6
전　화 042-625-1140
팩　스 042-627-1140

전자우편 ejisarang@hanmail.net
애지카페 cafe.daum.net/ejiliterature

ISBN : 978-89-97386-53-6 03810
값 8,000원